北京大學《儒藏》編纂與研究中心 編

U0433436

《儒藏》精華編選刊

易漢學

〔清〕惠棟 撰
陳修亮 校點

北京大學出版社
PEKING UNIVERSITY PRESS

圖書在版編目 (CIP) 數據

易漢學 / (清) 惠棟撰；北京大學《儒藏》編纂與研究中心編 . —北京：北京大學出版社，2023.8

（《儒藏》精華編選刊）

ISBN 978-7-301-33988-6

Ⅰ . ①易… Ⅱ . ①惠… ②北… Ⅲ . ①《周易》– 研究 Ⅳ . ① B221.5

中國國家版本館 CIP 數據核字 (2023) 第 091458 號

書　　名	易漢學 YI HAN XUE
著作責任者	〔清〕惠　棟　撰 陳修亮　校點 北京大學《儒藏》編纂與研究中心　編
策劃統籌	馬辛民
責任編輯	周　粟
標準書號	ISBN 978-7-301-33988-6
出版發行	北京大學出版社
地　　址	北京市海淀區成府路 205 號　100871
網　　址	http://www.pup.cn　　新浪微博：@ 北京大學出版社
電子郵箱	編輯部 dj@pup.cn　　總編室 zpup@pup.cn
電　　話	郵購部 010-62752015　發行部 010-62750672 編輯部 010-62756449
印 刷 者	三河市北燕印裝有限公司
經 銷 者	新華書店
	650 毫米 ×980 毫米　16 開本　9 印張　75 千字
	2023 年 8 月第 1 版　2023 年 8 月第 1 次印刷
定　　價	40.00 元

目録

校點説明

惠棟(一六九七—一七五八),字定宇,號松崖,學者多稱小紅豆先生,江蘇吴縣(今江蘇蘇州)人。初爲吴江縣學生員,後改歸元和籍,著述中多題「元和惠棟」,即緣於此。惠棟是清代乾嘉學派最爲重要的代表人物之一,是乾嘉學派吴派的創始者,以倡導漢學而被譽爲一代宗師。

惠棟繼承家學傳統,自幼博覽群書,對經、史、諸子、稗官野乘以及佛、道等方面的典籍,無不涉獵和探究。他「雅愛典籍,得一善本,傾囊弗惜,或借讀手抄,校勘精審,於古書之真僞,瞭然若辨黑白」(錢大昕《潛研堂文集》)。乾隆九年(一七四四),四十八歲的惠棟參加鄉試,因不守朱熹《四書集注》而引用《漢書》立論,爲考官所黜。自是息意科場進取,精心教授門徒,並專意於學術撰著。

惠棟一生勤於著述,成就輝煌,《易》學著作最多,成就最大,主要有《周易述》、《易漢學》、《周易古義》、《鄭氏周易》(輯)、《周易本義辨證》等。在《書》學、《詩》學、三禮學、《春秋》學、史學、語言文字學等方面也作出了重要貢獻,有《古文尚書考》、《九經古義》、《春秋左傳補注》、《後漢書補注》、《續漢志補注》、《惠氏讀説文記》等著作。

惠棟崇尚漢學，一生萃力於漢學的發掘、整理和研究，許多言論中都流露出對漢學的推崇和對宋儒治學的不滿，如：「訓詁，漢儒其詞約，其義古；宋人則辭費矣，文亦近鄙。」「宋儒經學不惟不及漢，且不及唐，以其臆説居多。」「漢有經師，宋無經師，漢儒淺而有本，宋儒深而無本。」學宗漢儒，繼承漢儒學風和傳統，溯其古而求其源，重小學訓詁與名物典制，對一代學術的發展起到了開風氣之先的作用。由於惠氏的倡導，逐漸形成了乾嘉學派的吴派。

《易漢學》是惠棟崇尚漢學的代表性作品，《四庫全書總目》著録爲八卷，而惠棟《易漢學自序》云「成書七卷」，江藩《漢學師承記》亦云七卷。蓋後人將惠氏辨證《河圖》、《洛書》等内容附於書後，是爲八卷。《易漢學》受到當時及後世學者的普遍重視與好評，《四庫全書總目》謂：「夫《易》本爲卜筮作，而漢儒多參以占候，未必盡合周、孔之法。然其時去古未遠，要必有所受之。棟采輯遺聞，鉤稽考證，使學者得略見漢儒之門徑，於《易》亦不爲無功矣。」

《易漢學》現存主要版本有文淵閣《四庫全書》本、清乾隆四十六年至四十九年（一七八一—一七八四）鎮洋畢沅輯靈巖山館《經訓堂叢書》刻本、《清經解續編》本、清光緒二十二年（一八九六）匯文軒刻本、《叢書集成初編》本。《四庫全書》本删節較多，而《經訓堂叢書》本刊刻時間較早，校勘精良，續編本、匯文軒本據以翻刻、覆刻，但匯文軒本錯謬較多。此次校點以《經訓堂叢書》本爲底本，校以影印文淵閣《四庫全書》本（簡稱「四庫本」）、《清經解續編》本（簡稱「續編本」）。

不妥和疏誤之處，敬希專家與讀者指正。

校點者　陳修亮

易漢學自序

六經定于孔子，燬于秦，傳于漢。漢學之亡久矣，獨《詩》、《禮》、《公羊》猶存毛、鄭、何三家。《春秋》爲杜氏所亂，《尚書》爲僞孔氏所亂，《易經》爲王氏所亂。杜氏雖有更定，大校同于賈、服；僞孔氏則雜采馬、王之説，漢學雖亡而未盡亡也。惟王輔嗣以假象説《易》，根本黄老，而漢經師之義，蕩然無復有存者矣。故宋人趙紫芝有詩云：「輔嗣《易》行無漢學，玄暉詩變有唐風。」❶蓋實録也。棟曾王父樸菴先生嘗閔漢《易》之不存也，取李氏《易解》所載者，參衆説而爲之傳。天、崇之際，遭亂散佚，以其説口授王父，王父授之先君子，先君子于是成《易説》六卷。又嘗欲别撰漢經師説《易》之源流，而未暇也。棟趨庭之際，習聞餘論，左右采獲，成書七卷。自孟長卿以下五家之《易》，異流同源，其説略備。嗚呼！先君子即世三年矣，❷以棟之不才，何敢輒議著述。然以四世

❶「玄」，原避康熙諱爲「元」，今回改，下同逕改，不再出校説明。
❷「先君子即世三年矣」，四庫本作「先君無禄即世三年矣」。

之學，上承先漢，存什一于千百，庶後之思漢學者，猶知取證，且使吾子孫無忘舊業云。是爲序。❶

❶「是爲序」，四庫本作「長洲惠棟」。

易漢學卷一

東吴徵士惠棟學

孟長卿易上

卦氣圖説

孟氏《卦氣圖》，以坎、離、震、兑爲四正卦，餘六十卦，卦主六日七分，合周天之數。内辟卦十二，謂之消息卦，乾盈爲息，坤虚爲消，其實乾坤十二畫也。《繫辭》云：「乾之策二百一十有六，坤之策一百四十有四，凡三百有六十，當期之日。」夫以二卦之策，當一期之數，則知二卦之爻，周一歲之用矣。四卦主四時，爻主二十四氣，十二卦主十二辰，爻主七十二候，六十卦主六日七分，爻主三百六十五日四分日之一。辟卦爲君，雜卦爲臣，四正爲方伯。二至二分，寒温風雨總以應卦爲節。是以《周易參同契》曰：「君子居室，順陰陽節。藏器俟時，勿違卦月。謹候日辰，審察消息。纖芥不正，悔吝爲賊。二至改度，乖錯委曲。隆冬大暑，盛夏霜雪。二分縱横，不應漏刻。水旱相伐，風雨不節。蝗蟲湧沸，羣異旁出。」此言卦氣不效，則分至寒温，皆失其度也。《春秋命曆序》曰：❶「元氣正，則天地八卦孳也。」《漢書》谷永對策曰：「王者躬行道德，則卦氣理效，五徵時序。兼《洪範》五行言。失道妄行，則卦氣悖亂，咎徵著郵。」後漢張衡上疏亦言：「律曆卦候，數有徵效。」郎顗《七事》云：「今春當旱，夏必有水，以六日七分候之可知。」樊毅《修華嶽碑》云：「風雨應卦，瀸潤萬物。」是漢儒皆用卦氣爲占驗。宋、元以來，漢學日就滅亡，幾不知卦氣爲何物矣。余既列二圖于後，兼采先儒諸説，以爲左證焉。

❶ 「曆」，原避乾隆諱爲「歷」，今回改，下同逕改，不再出校説明。

六日七分圖

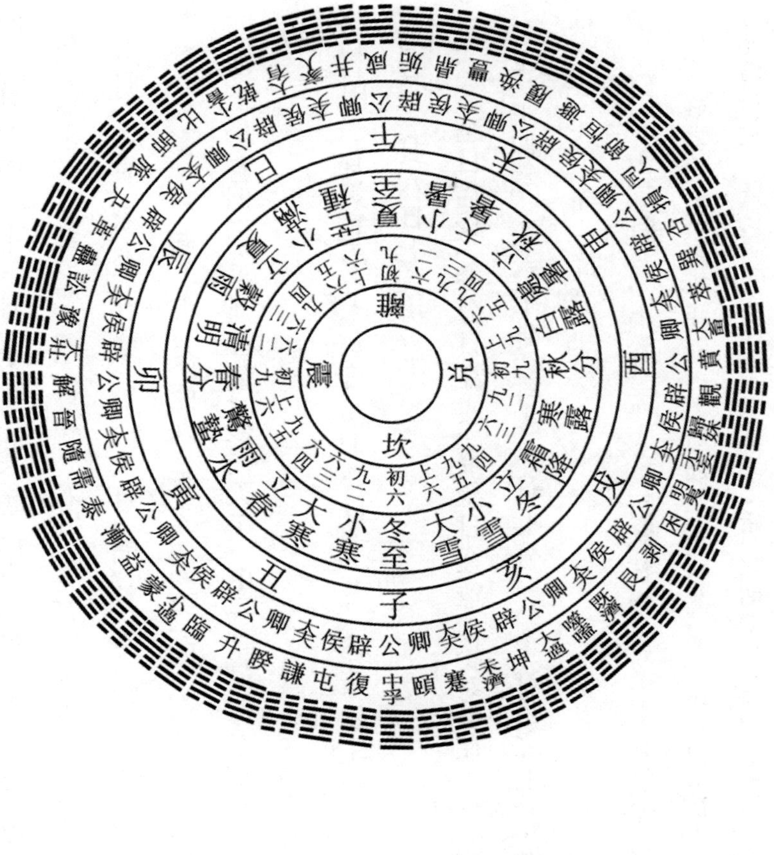

魏《正光曆》推四正卦術曰：「十一月，未濟、蹇、頤、中孚、復。十二月，屯、謙、睽、升、臨。正月，小過、蒙、益、漸、泰。二月，需、隨、晉、解、大壯。三月，豫、訟、蠱、革、夬。四月，旅、師、比、小畜、乾。五月，大有、家人、井、咸、姤。六月，鼎、豐、涣、履、遯。七月，恒、節、同人、損、否。八月，巽、萃、大畜、賁、觀。九月，歸妹、无妄、明夷、困、剥。十月，艮、既濟、噬嗑、大過、坤。」又云：「四正爲方伯，中孚爲三公，復爲天子，屯爲諸侯，謙爲大夫，睽爲九卿，升還從三公，周而復始。」

《易緯稽覽圖》曰：「甲子卦氣起中孚，六日八十分日之七。」鄭康成注云：「六，以候也。八十分爲一日，日之七者，一卦六日七分也。」

《易緯是類謀》曰：「冬至日在坎，春分日在震，夏至日在離，秋分日在兑。四正之卦，卦有六爻，爻主一氣。共主二十四氣。餘六十卦，卦主六日七分，八十分日之七。歲有十二月，三百六十五日四分日之一，六十而一周。」

唐一行「六《卦議》」曰：「十二月卦，出於《孟氏章句》，其説《易》本於氣，《易乾鑿度》曰：「太易者，未見氣也；太初者，氣之始也。」康成注云：「太易之始，漠然無氣可見者；太初之氣，寒温始生也。」《乾鑿度》又云：「易變而爲一。」注云：「一主北方，氣漸生之始，此則太初之氣所生也。」孟喜弟子趙賓説《易》「箕子之明夷」，謂陰陽氣无。箕子，當作「荄滋」。而後以人事明之。京氏又以卦爻配期，坎、離、震、兑，其用事自分、至之首，皆得八十分日之七十三。頤、晉、井、大畜，四卦皆在分、至之首。皆五日十四分，四卦共少二百九十二分。餘皆六日七分。自《乾象曆》以降，皆因京氏，惟《天保曆》依《易通統軌圖》，自八十有二節五卦初爻相次用事，及上爻與中氣皆終，非京氏本旨及《七略》所傳。按郎顗所傳，皆六日七分，不以初爻相次用事，《齊曆》謬矣。《易》爻當日，十有二中，直全卦之初；十有二節，直全卦之中。《齊曆》又以節在貞，氣在悔，非是。」

《復》卦經云：「七日來復。」康成注曰：「建戌之月，以陽氣既盡；建亥之月，純陰用事；至建子之月，陽氣始生。隔此純陰一卦，卦主六日七分，舉其成數言之，而云『七日來復』。」孔穎達曰：「案《易緯》云：『卦氣起中孚。』故離、坎、震、兑各主其一方，其餘六十卦，卦有六爻，爻別主一日，凡主三百六十日。餘有五日四分日之一者，每日分爲八十分，五日分爲四百分，四分日之一又分爲二十分，是四百二十分，六十卦分之，六七四十二，卦別各得七分，是每卦六日七分也。」李鼎祚曰：「案《易軌》一歲十二月三百六十五日四分日之一，以坎、震、離、兑四方正卦，卦別六爻，爻主一氣。其餘六十卦三百六十爻，爻主一日，當周天之數。餘五日四分日之一，以通閏餘者。剥卦陽氣盡於九月之終，至十月末純坤用事，坤卦將盡，則復陽來。隔坤之一卦，六爻爲六日，復來成震，一陽爻生，爲七日。故言『反復其道，七日來復』，是其義也。」

《繫辭上》曰：「旁行而不流。」《九家易》曰：「旁行周合，六十四卦，月主五卦，爻主一日，歲既周而復始。」

《周易折中·啟蒙附論》曰：「日月之法不同，而其餘分皆七。故漢儒卦氣，每卦直六日，尚餘七分。古今曆法，一章之内，有七閏月者，法由茲起也。」又曰：「每卦直六日七分者，日以八十分爲法也。蓋歲數三百六十五日四分日之一，四乘而三除之，爲四百八十七，故四百八十七者，歲策也。每卦直六日，六八四十八，得四百八十分，又餘七分，歲策之根也。積六十卦，直三百六十日，餘分之積共四百二十分，以日法除之，爲五日四分日之一。」

卦氣七十二候圖

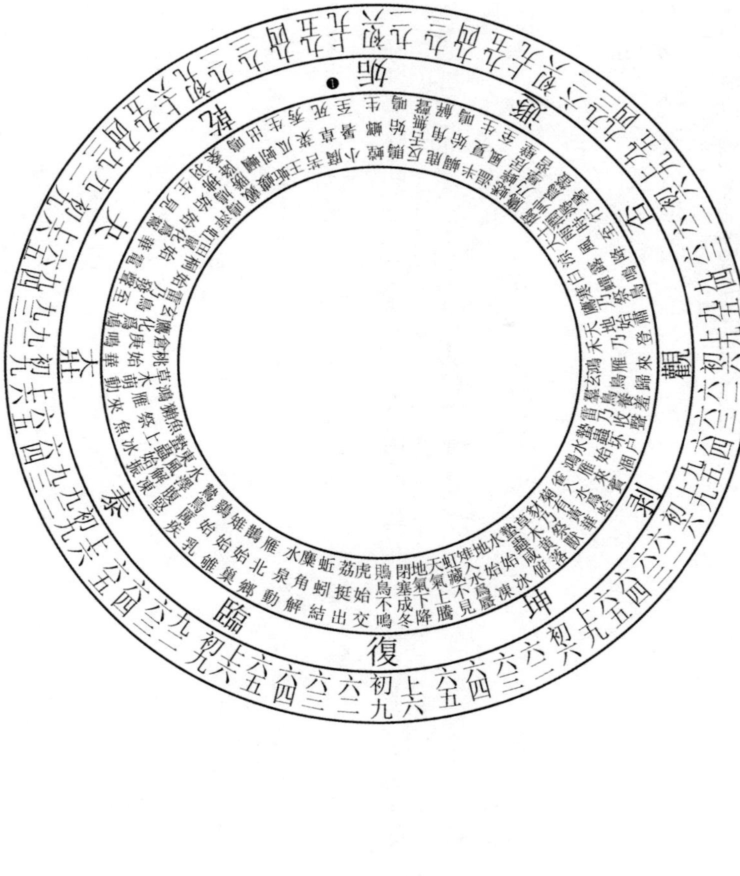

❶「小暑」，四庫本作「麥秋」。

右李溉所傳《卦氣圖》也，其説原于《易緯》。《素問》曰：「五日謂之候，三候謂之氣，六氣謂之時，四時謂之歲。」《乾鑿度》曰：「天氣三微而成一著，三著而成一體。」康成注云：「五日爲一微，十五日爲一著，故五日有一候，十五日成一氣。」康成又云：「每一卦生三氣，則各得十五日。十二卦卦各六爻，爻主一候，而一歲之運周焉。」

案，《御覽》載《易緯通卦驗》九百六十七卷，九百四十四卷。曰：「驚蟄，大壯初九候，桃始華。不華，倉庫多火。」今圖與之合。又曰：「姤上九候，蜩始鳴。不鳴，國多妖言。」案圖，姤九五，蜩始鳴，蜩、蟬同。上九，半夏生。遲一候者，朱子發震。云：「《易通卦驗》，《易》家傳先師之言，所記氣候比之《時訓》，晚者二十有四，早者三。今圖依《時訓》，故異也。」《困學紀聞》曰：「《月令》『仲冬虎始交』，《通卦驗》云：『小寒，季冬鵲始巢。』《詩推度災》云：『復之日，雉雊雞乳。』《通卦驗》云『立春』，皆以節有早晚也。」

消息

《剥·彖傳》曰：「君子尚消息盈虚，天行也。」

《豐·彖傳》曰：「日中則昃，月盈則食，天地盈虚，與時消息。」

《臨·彖傳》曰：「至於八月有凶，消不久也。」

《左傳正義》：「《易》曰：『伏羲作十言之教，曰乾、坤、震、巽、坎、離、艮、兑、消、息。』」《繫辭上》曰：「變化者，進退之象也。」荀爽曰：「春夏爲變，秋冬爲化；息卦爲進，消卦爲退也。」

《説卦》曰：「數往者順，知來者逆。」仲翔曰：「坤消從午至亥上下，故順也。乾息從子至巳下上，故逆也。」

《九家易注·泰》卦曰：「陽息而升，陰消而降。陽稱息者，長也，起復成巽，萬物盛長也。陰言消者，起姤終乾，萬物成熟，熟則給用，給用則分散，故陰用特言消也。」

《易緯乾鑿度》曰：「聖人因陰陽起消息，立乾坤以統天地。」又云：「消息卦，純者爲帝，不純者爲王。」

《史記·曆書》太史公曰：「皇帝考定星曆，建立五行，起消息。」注：「皇侃曰：『乾者，陽生爲息；坤者，陰死爲消也。』」

《漢書》京房上封事曰：「辛酉以來，少陰倍力而乘消息。」❶孟康曰：「房以息卦爲辟。辟，君也。消卦曰太陰，息卦曰太陽，其餘卦曰少陰、少陽，爲臣下也。」

---

❶「少」，《漢書》作「太」。

《後漢書》陳忠上疏曰：「頃季夏大暑，而消息不協，寒氣錯時，水漏爲變，天之降異，必有其故。所舉有道之士，可策問國典所務，王事過差，令處煖氣不效之意。庶有讜言，以承天誡。」

四正

《説卦》曰：「震，東方也；離也者，南方之卦也；兑，正秋也；坎者，正北方之卦也。」

案，震、離、兑、坎，陰陽各六爻。荀爽以爲「乾六爻皆陽」，陽爻九，四九三十六，合四時。坤六爻皆陰，陰爻六，四六二十四，合二十四氣。蓋四正者，乾坤之用。翟玄注《文言》云：「乾坤有消息，從四時來也。」

《繫辭上》曰：「兩儀生四象。」仲翔曰：「四象，四時也。兩儀謂乾、坤也。乾二五之坤，成坎、離、震、兑。震春，兑秋，坎冬，離夏，故兩儀生四象。」

《孟氏章句》曰：「坎、離、震、兑，二十四氣，次主一爻。其初則二至、二分也。坎以陰包陽，故自北正，微陽動於下，升而未達，極於二月，凝涸之氣消，坎運終焉。春分出於震，始據萬物之元，爲主於内，則羣陰化而從之，極于南正，而豐大之變窮，震功究焉。離以陽包陰，故自南正，微陰生於地下，積而未章，至于八月，文明之質衰，離運終焉。仲秋陰形于兑，始循萬物之末，爲主於内，羣陽降而承之。極于北正，而天澤之施窮，兑功究焉。故陽七之静始於坎，陽九之動始于震，陰八之静始于離，陰六之動始于兑。故四象之變，皆兼六爻，而中節之應備矣。」一行「六《卦議》」。

《易緯是類謀》曰：「冬至日在坎，春分日在震，夏至日在離，秋分日在兑。四正之卦，卦有六爻，爻主一氣。」

康成注《通卦驗》曰：「冬至坎始用事，而主六氣，初六爻也。小寒於坎直九二，大寒於坎直六三，立春於坎直六四，雨水於坎直九五，驚蟄於坎直上六。春分於震直初九，清明於震直六二，穀雨於震直六三，立夏於震直九四，小滿於震直六五，芒種於震直上六。夏至於離直初九，小暑於離直六二，大暑於離直九三，立秋於離直九四，處暑於離直六五，白露於離直上九。秋分於兑直初九，寒露於兑直九二，霜降於兑直六三，立冬於兑直九四，小雪於兑直九五，大雪於兑直上六。」

孟康《漢書注》曰：「分卦直日之法，一爻主一日，六十卦爲三百六十日，餘四卦震、離、兑、坎，爲方伯監司之官。所以用震、離、兑、坎者，是二至、二分用事之日，又是四時各專王之氣，各卦主時，其占法，各以其日，觀其善惡也。」

魏《正光曆》曰：「四正爲方伯。」薛瓚注《漢書》曰：「京房謂方伯卦，震、兑、坎、離也。」

《京氏易傳》曰：「方伯分威，厥妖馬生子，亡。」

《易緯乾鑿度》曰：「四維正紀，經緯仲序，度畢矣。」康成云：「四維正四時之紀，則坎、離爲經，震、兑爲緯，此四正之卦，爲四仲之次序也。」

《京氏易傳》曰：「賦斂不理，茲謂禍，厥風絶經緯。」四時不正也。又云：「大經在辟而易臣，茲謂陰動。」坎、離爲經，位方伯，故云「大經」。辟，辟卦也。大經在辟，謂方伯擬君，易其臣道也。又云：「大經摇政，茲謂不陰。」不陰，不臣也。

《漢書》魏相奏曰：「東方之卦，不可以治西方，南方之卦，不可以治北方。春興兑治則饑，秋興震治則華，冬興離治則泄，夏興坎治則雹。」

十二消息

《易・繫辭》曰：「變通配四時。」仲翔曰：「變通趣時，謂十二月消息也。泰、大壯、夬配春，乾、姤、遯配夏，否、觀、剥配秋，坤、復、臨配冬。謂十二月消息相變通，而周於四時也。」

又云：「剛柔相推，變在其中矣。」仲翔曰：「謂十二消息，九六相變，剛柔相推而生變化，故變在其中矣。」

又曰：「往來不窮謂之通。」荀爽曰：「謂一冬一夏，陰陽相變易也。十二消息，陰陽往來，無窮已，故通也。」

又曰：「寒往則暑來，暑往則寒來。」仲翔曰：「乾爲寒，坤爲暑。謂陰息陽消，從姤至復，故寒往暑來也。陰詘陽信，從復至泰，故暑往寒來也。」

又曰：「範圍天地之化而不過。」《九家易》曰：「範者，法也。圍者，周也。言乾坤消息，法周天地而不過於十二辰也。辰，日月所會之宿，謂諏訾、降婁、大梁、實沈、鶉首、鶉火、鶉尾、壽星、大火、析木、星紀、玄枵之屬是也。」諏訾以下，謂自寅至丑，自泰至臨也。

干寶注《乾》六爻曰：「陽在初九，十一月之時，自復來也。初九甲子，乾納甲。天正之位，而乾元所始也。陽在九二，十二月之時，自臨來也。陽在九三，正月之時，自泰來也。陽氣在四，二月之時，自大壯來也。陽在九五，三月之時，自夬來也。陽在上九，四月之時也。」四月於消息爲乾。又注《坤》六爻曰：「陰氣在初，五月之時，自姤來也。陰氣在二，六月之時，自遯來也。陰氣在三，七月之時，自否來也。陰氣在四，八月之時，自觀來也。陰氣在五，九月之時，自剥來也。陰在上六，十月之時也。」十月於消息爲坤。

康成注《乾鑿度》曰：「消息於雜卦爲尊，每月者譬一卦而位屬焉，各有所繫。」

案，每月譬一卦者，如乾之初九屬復，坤之初六屬姤，是也。臨、觀以下倣此。

《春秋緯》《樂緯》曰：「夏以十三月爲正，息卦受泰，物之始。其色尚黑，以寅爲朔。殷以十二月爲正，息卦受臨，物之牙。其色尚白，以鷄鳴爲朔。周以十一月爲正，息卦受復，其色尚赤，以夜半爲朔。」

此後漢陳寵所謂「三微成著，以通三統」也。康成謂：「十日爲微，一月爲著；三微成著，一爻也；三著成體，乃泰卦也。」

《易緯乾鑿度》曰：「孔子曰：『復表日角，臨表龍顏，泰表載與戴同。干，大壯表握訴，龍角大辰，古脣字。夬表升骨履文，姤表耳參漏，足履王知多權，遯表日角連理，否表二好文，坤爲文，故好文。觀表出準虎，剥表重童，與瞳同。明曆元。』」

案，十二消息皆辟卦，故舉帝王之表以明之。

《周易參同契》曰：「朔旦爲復，初九晦至朔旦，震來受符。陽氣始通。出入无疾，仲翔云：「謂出震成乾，入巽成坤，坎爲疾，十二消息不見坎象，故出入无疾。」立表微剛。黄鐘建子，韋昭曰：「十一月黄鐘，乾初九也。」康成曰：「黄鐘，子之氣也，十一月建焉。」兆乃滋張。播施柔暖，黎蒸得常。臨爐施條，九二。開路正光。光耀漸近，日以益長。丑之大吕，康成曰：「大吕，丑之氣也，十二月建。」結正低昂。仰以成泰，九三。剛柔並隆。陰陽交接，小往大來。仲翔曰：「坤陰詘外爲小往，乾陽信内爲大來。」輻輳於寅，運而趣時。漸歷大壯，九四。俠列卯門。春分爲卯，卯爲開門。榆莢墮落，還歸本根。二月榆落，魁臨於卯。翼奉《風角》曰：「木落歸本。」刑德相負，建緯卯卯，刑德並會，相見歡喜。晝夜始分。夬陰以退，陽升而前。洗濯羽翮，九五飛龍。振索宿塵。乾健盛明，廣被四隣。陽終於巳，上巳。❶中而相干。姤始紀序，初六。履霜最先。井底寒泉，巽初六與乾初九爲飛伏，乾爲冰也。午爲蕤賓。康成曰：「蕤賓，午之氣也，五月建焉。」賓服於陰，陰爲主人。遯去世位，六二，遯、乾二世。收斂其精。懷德俟時，陸績曰：「遯，俟時也。」栖遲昧冥。否塞不通，六三。萌者不生。陰伸陽詘，没陽姓名。觀其權量，六四。察仲秋情。任畜微稚，老枯復榮。薺麥芽蘖，因冒以生。八月麥生，天剛據西。《詩緯·推度災》曰：「陽本爲雄，陰本爲雌，物本爲魂。雄生八月仲節，號曰太初，行三節。」宋均注曰：「本即原也。變陰、陽爲雌、雄、魂也。節猶氣也。太初者，氣之始也。必知生八月仲者，據此時萎薺生，以爲驗也。陽生物，行三節者，須雌俱行，物□也。」❷剥爛肢體，六五。《雜卦》曰：「剥，爛也。」初足、二釆、四膚。指間稱釆，釆上稱膚，皆屬肢體。消滅其形。消艮入坤。化氣既竭，秋冬爲化。亡失至神。乾爲神。道窮則返，歸乎坤元。」坤元即乾元。

《月令·孟春》曰：「是月也，天氣下降，地氣上騰。」《正義》曰：❸「天地之氣，謂之陰陽，一年之中，或升或降。故聖人作象，各分爲六爻，以象十二月。陽氣之升，從十一月爲始；

---

❶「上巳」，四庫本作「上九」。

❷「□」，《太平御覽》作「著」，清道光二十六年小嫏嬛館刻本《詩緯集證》作「乃著」。

❸「義」，原作「氣」，今據四庫本改。

至四月，六陽皆升，六陰皆伏；至五月，一陰初升；至十月，六陰盡升，六陽盡伏。今正月云『天氣下降，地氣上騰』者，陽氣五月之時，爲陰從下起，上嚮排陽。至十月之時，六陽退盡，皆伏於下；至十一月，陽之一爻始動地中；至十二月，陽漸升，陽尚微，未能生物之極。正月三陽既上，成爲乾卦，乾體在下。三陰爲坤，坤體在上。是陽氣五月初降，至正月爲天體，而在坤下也。十一月一陽初生而上排陰，至四月陰爻伏盡，六陽在上。五月一陰生，六月二陰生，陰氣尚微，成物未具。七月三陰生，而成坤體，坤體在下，三陽爲乾，而體在上。所以十月云『地氣下降，天氣上騰』。劉洽、氾閣、皇侃之徒，既不審知其理，又不能定其旨趣，諠諠撓撓，亦無取焉。」

辟卦雜卦

《易緯乾鑿度》曰：「歲三百六十五日四分日之一，以卦用事。一卦六爻，爻一日，凡六日；七分歸閏。初用事一日，天王諸侯也；二日，大夫也；三日，卿也；四日，三公也；五日，辟也；六日，宗廟。爻辭善則善，凶則凶。」康成注云：「辟，天子也。天王諸侯者，言諸侯受其吉凶者，唯天子而已。」

案，《易緯》此說與齊《天保曆》合，所謂「五卦初爻相次用事」也。其云「六日宗廟」，未詳。豈一卦六爻，備有此六者耶？ 卦氣五位，以公、辟、侯、大夫、卿，周還用事，此始侯者，從月數也。

魏《正光曆》：「卦曰：『四正爲方伯，中孚爲三公，復爲天子，屯爲諸侯，謙爲大夫，睽爲九卿，升還從三公，周而復始。』」

京房上封事曰：「迺辛巳，蒙氣復乘卦，太陽侵色。」張晏曰：「晉卦、解卦也。太陽侵色，謂大壯也。」

案，大壯，辟卦也。乾九四用事，故云「太陽」。晉、解，雜卦也，皆主二月。晉，九卿也；解，三公也，皆雜卦。太陽侵色，雜卦于消息也。

又曰：「辛酉以來，少陰倍力而乘消息。」孟康曰：「房以消息卦爲辟。辟，君也。消卦曰『太陰』，姤、遯、否、觀、剥、坤。息卦曰『太陽』，復、臨、泰、大壯、夬、乾。其餘卦曰『少陰』、『少陽』，爲臣下也。并力，雜卦氣于消息也。」

《後漢書》朱穆奏記梁冀曰：「今年九月，天氣鬱冒，五位四侯，連失正氣。」

案，五位，謂公、辟、侯、大夫、卿；四侯，四正也。

《易緯稽覽圖》曰：「非太平而雜卦，以其度效一辰則可矣。❶原注：「雜卦九三、上六決温，九三、上九微温，六三、上九決寒，六三、上六微寒。六日七分中，一辰效則可也。」❷唯消息及四時卦當盡其日，❸盡六日七分，四時七十二分也。太平之時，❹太陰用事，謂從否至臨。而少陽卦當效時至，則於效分上一時。❺非太平，以其卦分效則可，六日七分，一分效。❻未可責時至立效也。❼太陽用事，謂從泰至遯。少陰卦效亦如之。小畜乾位，❽比，然息之卦當勝雜卦也。六日八十分日之七從。八十分爲一日。之七者，一卦六日七分，從得一卦。四時卦十一辰餘而從。❾謂四正卦，坎、離、震、兑四時方伯之卦也，七十三分而從得一卦。坎常以冬至日始效，復生坎七日，消息及

---

❶「一」、「可」、「矣」，原缺，今據影印文淵閣《四庫全書》本《玉海》補。
❷「一」、「也」，原缺，今據《玉海》補。
❸「唯」，原缺，今據《玉海》補。
❹「之時」二字，原缺，今據《玉海》補。
❺「則於效分上」五字，原缺，今據《玉海》補。
❻「七分一」三字，原缺；「效」，原作「數」，今據《玉海》補改。
❼「未可責時」四字，原缺，今據《玉海》補。
❽「亦如之小畜」五字，原缺，今據《玉海》補。
❾「十一辰餘而從」六字，原缺，今據《玉海》補。

雜卦相去各如中孚。卦上有陰，百二十日爲雨。剥陰氣上達，賈霜以降。」《乾元序制記》

「坎初六，冬至，廣莫風」云云。《玉海》。

易漢學卷二

東吴徵士惠棟學

孟長卿易下

推卦用事日

劉洪《乾象曆》「推卦用事日」曰：「因冬至大餘倍其小餘，坎用事日也。加小餘千七十五，滿乾法從大餘，中孚用事日也。求次卦，各加大餘六，小餘百三。其四正，各因其中日，而倍其小餘。」

《魏書・律曆志》「推四正卦術」曰：「因冬至大小餘，即坎卦用事日；春分，即震卦用事日；夏至，即離卦用事日；秋分，即兑卦用事日。」「求中孚卦」：「加冬至小餘五千五百三十、小分九、微分一，微分滿五從小分，小分滿氣法從小餘，小餘滿蔀法從大餘，命以紀算，外即中孚卦用事日。其解加震，咸加離，賁加兑，亦如中孚加坎。」「求次卦」：「加坎大餘六、小餘五千五百二十九、《新曆》云：「一千四百七十三。」小分十四，❶微分滿五從小分，小分滿氣法《新曆》云：「滿小分法。」從小餘，小餘滿蔀法從大餘，命以紀算，外即復卦用事日。大壯加震，姤加離，觀加兑，如中孚加坎。」當云「如復加坎」。

六十卦用事之月

十一月未濟、蹇、頤、中孚、復

《頤》卦初六曰「舍爾靈龜」，半農先生《易説》曰：「頤有龜象，内陰外陽，陽象甲，陰象體，而初在下，象伏龜。伏龜者，靈龜也。龜能食氣，食氣者神明而壽，故稱靈。頤，十一月之卦，其位在北。龜爲玄武，蟄伏之時，初陽在下象之。」

《易・繫辭》曰：「言行，君子之所以動天地也。」仲翔曰：「巽四以風動天，震初以雷動地，二變成益，故云震初。❷中孚十一月，雷動地中。」

❶「四」下，四庫本有「微分四」三字。

❷「云」，原作「之」，今據四庫本改。

案，冬至之卦復也，其實起于中孚，七日而後復應。故楊子雲《太玄》準以爲「中」，爲六十四卦之首。《易緯稽覽圖》亦云：「甲子，卦氣起中孚也。」

孟喜《易章句》曰：「自冬至初中孚用事。一月之策，九、六、七、八，是爲三十。而卦以地六，候以天五。五六相乘，消息一變。十有二變，而歲復初。」一行「六《卦議》」。

《後漢書》魯恭上疏曰：「《易》十一月，君子以議獄緩死。」注云：「《易・中孚・象》詞也。」《稽覽圖》：中孚，十一月卦也。

王伯厚《困學紀聞》曰：「《上繫》七爻起於《中孚》『鳴鶴在陰』，《下繫》十一爻起於《咸》『憧憧往來』。《卦氣圖》自復至咸，八十八陽，九十二陰；自姤至中孚，八十八陰，九十二陽。咸至姤，凡六日七分，中孚至復，亦六日七分，陰陽自然之數也。」

馬季長《易・乾》初九注曰：「初九，建子之月，陽氣始動於黄泉，故云潛龍。」王伯厚曰：「曆元始於冬至，卦氣起於中孚。《豳詩》於十月曰爲改歲，周以十一月爲正，蓋本此。」

《復・象》曰：「復，其見天地之心乎。」荀爽曰：「復者，冬至之卦，陽起初九，爲天地心，萬物所始，吉凶之先，故曰『見天地之心』。」

十二月屯、謙、睽、升、臨屯内卦主冬至十一月，外卦主小寒十二月節。

《易·屯·象》曰：「屯，剛柔始交而難生。」崔憬注云：「十二月陽始浸長，而交於陰，故曰『剛柔始交』。萬物萌芽，生於地中，有寒冰之難，故言『難生』。」《説文》曰：「屯，難也。象草木之初生，屯然而難。从中貫一。一，地也。尾曲。」

《屯·象》曰：「雲雷，屯。」《九家易》云：「雷雨者，興養萬物。今言屯者，十二月雷伏藏地中，未得動出，雖有雲雨，非時長育，故言屯也。」

《易緯稽覽圖》曰：「屯，十一月，内卦。神人從中山出，趙地動，北方三十日，千里馬數至。」隋王劭釋云：「『屯，十一月，神人從中山出』者，此卦動而大亨作。❶『趙地動』者，中山爲趙地。『千里馬』者，屯卦，震下坎上，震於馬爲作足，坎於馬爲美脊，馬行先作弄四足也。」《北史》。

《易緯乾鑿度》：「孔子曰：『升者，十二月之卦也。陽氣升上，陰氣欲承，萬物始進。』」

❶「卦」，原作「外」，今據中華本《北史》改。

《復·彖》曰：❶「七日來復。」李旼注云：「七日者，非坤之七日。坤爲十月卦，卦氣起中孚，《太玄·中首》見之。中孚十一月六日七分之後，復卦用事；復七日六分之後，屯卦用事。它皆倣此。」七日六分，未詳，似仍當作六日七分，抑或別有據也。

唐一行「七《日度議》」曰：「《國語》曰：『農祥晨正，日月底於天廟，土乃脉發。先時九日，太史告稷曰，自今至于初吉，陽氣俱蒸，土膏其動。弗震不渝，脉其滿眚，穀乃不殖。』周初，先立春九日，日至營室。古曆距中九十一度，是日晨初，大火正中，故曰『農祥晨正，日月底于天廟』也。於《易》象，升氣究而臨受之，自冬至後七日，乾精始復。七日，中孚一卦。乃大寒，地統之中，陽洽於萬物根柢，而與萌芽俱升，木在地中之象。升，坤上巽下。升氣已達，則當推而大之，故受之以臨。臨者，大也。於消息，龍德在田，九二，乾、臨同物。得地道之和澤，而動於地中，升陽憤盈，土氣震發，故曰『自今至於初吉，陽氣初蒸，土膏其動』。又先立春三日，而小過用事，小過内卦。陽好節止于内，動作于外，矯而過正，然後返求中焉。是以及于艮維，小過内卦艮。則山澤通氣，陽精闢户，甲坼之萌見，而莩穀之際離，故曰『不震不渝，脉其滿眚，穀乃不殖』。」《新唐書·志》。

❶「彖」，原作「象」，今據通行本《周易》改。

《易·臨》卦經曰：「至于八月有凶。」康成曰：「臨卦斗建丑而用事，殷之正月也。當文王之時，紂爲无道，故於是卦爲殷家著興衰之戒，以見周改殷正之數云。臨自周二月用事，訖其七月，至八月而遯卦受之，此終而復始，王命然矣。」

《易緯乾鑿度》曰：「《易》曰：『知臨，大君之宜，吉。』臨者，大也。陽氣在内，中和之盛，應于盛位，浸大之化，行于萬民，故言宜。」

正月小過、蒙、益、漸、泰小過内卦主大寒十二月，外卦主立春正月節。

《易緯乾鑿度》曰：「中孚爲陽，貞於十一月子；小過爲陰，貞於六月未，法於乾坤。」康成曰：「中孚，貞於十一月子；小過，正月之卦也，宜貞於寅，而貞於六月，非其次，故言象法乾坤。」

項安世《周易玩辭》曰：「小過，寅之初氣也。斗方直艮，而震氣上出，疑於過矣。然去卯不遠，亦未爲大過也。」

《易緯乾鑿度》曰：「乾，陽也；坤，陰也。並如而交錯行。乾貞於十一月子。左行，陽時六；坤貞於六月未，右行，陰時六，以奉順成其歲。歲終，次從於屯、蒙。屯、蒙主歲，屯爲陽，貞於十二月丑，其爻左行，以間時而治六辰；蒙爲陰，貞於正月寅，其爻右行，亦間時而治六辰。歲終，則從其次卦。」次卦爲需、訟。

此言主歲卦也。《參同契》曰：「屯以子、申，蒙用寅、戌，餘六十卦各自有日。」謂需、訟以下也。又曰：「朔旦屯直事，至暮蒙當受。晝、夜各一卦，用之依次序。」晝、夜各一卦，六十卦止得一百八十日。春、夏據内體，秋、冬當外用，一卦内外分之，周一歲之數也。當時本有各卦主歲之圖，而屯、蒙不貞丑、寅，故康成云：「屯、蒙之貞，違經失義。」是也。乾、坤以下，兩卦主一歲，後人不知，造爲反對，非古法也。

干寶蒙卦注曰：「蒙於消息爲正月卦也。正月之時，陽氣上達，故屯爲物之始生，蒙爲物之穉也。」

《易緯乾鑿度》：「孔子曰，《益》之六二：『或益之十朋之龜，弗克違，永貞吉，王用亨于帝，吉。』益者，正月之卦也，天氣下施，萬物皆益。王用亨于帝者，言祭天也。三王之郊，一用夏正。天氣三微而成一著，三著而成一體，方知此之時天地交，萬物通。故泰、益之卦，皆夏之正也。此四時之正，不易之道也。」康成注曰：「五日爲一微，十五日爲一著，故五日有一候，十五日成一氣也。冬至陽始生，積十五日至小寒爲一著，至大寒爲二著，至立春爲三著，凡四十五日而成一節。故曰『三著而成體』也。正月則泰卦用事，故曰『成體而郊』也。」

蔡邕《明堂月令論》曰：「《易》正月之卦曰泰，其經曰：『王用享于帝，吉。』孟春令曰：『乃擇元日，祈穀于上帝。』《顓頊曆衡》疑作術。曰：『天元正月己巳，朔日立春，日月俱起於泰，建宮室制度。』《月令》：『孟春之月，日在營室。』《易》曰：『不利爲寇，利用禦寇。』《令》曰：『兵戎不起，不可從我始。』」

案，蔡氏此論，證《易》與《月令》合也。《詩・匏有苦葉》云：「士如歸妻，迨冰未泮。」箋云：「冰未散，正月中以前也。」《易・漸》卦云：「女歸吉。」漸，正月卦，正與《詩》合。

二月需、隨、晉、解、大壯需内卦主雨水正月，外卦主驚蟄二月節。

《易緯乾鑿度》：「孔子曰，《隨》上六：『拘繫之，乃從維之，王用亨于西山。』隨者，二月之卦，隨德施行，藩決難解。萬物隨陽而出，故上六欲待九五，拘繫之，維持之，明被陽化，而陰欲隨之也。」康成云：「大壯九三爻主正月，陰氣猶在，故羝羊觸藩而羸其角也。至于九四，主二月，故藩決不勝，羸也。言二月之時，陽氣已壯，施生萬物，而陰氣漸微，不能爲難，以障閉陽氣，故曰『藩決難解』也。」

大壯九三主正月，未詳。案，齊《天保曆》以卦之貞悔分節氣，豈九三在貞爲正月中，九四在悔爲二月節歟？

《易·解·彖》曰：「解，險以動，動而免乎險，解。」仲翔云：「險，坎；動，震。解二月，雷以動之，雨以潤之，物咸孚甲，萬物生震，震出險上，故免乎險也。」

《漢書·京房傳》曰：「房以建昭三年二月朔拜上封事，曰：『迺辛巳，蒙氣復乘卦，太陽侵色。』」張晏曰：「晉卦、解卦也。太陽侵色，謂大壯也。」

案，晉，九卿也；解，三公也，皆雜卦。大壯，辟也。太陽侵色，雜卦干消、息也。

郎顗《七事》曰：「孔子曰：『雷之始發大壯始，《春秋傳》曰：「雷乘乾曰大壯。」《大衍曆經》：「春分辟大壯，雷乃發聲。」郭璞注《穆天子傳》引《歸藏易》曰：「豐隆筮御雲得大壯卦，遂爲雲師也。」君弱臣彊從解起。』大壯辟爲君，解三公爲臣。今月九日至十四日，一爻。大壯用事，消息之卦也。消息即辟卦。於此六日之中，雷當發聲，發聲則歲和，王道興也。《易》曰：『雷出地奮，豫。』豫內卦主春分二月。先王以作樂崇德，殷薦之上帝。』雷者，所以開發萌芽，辟陰除害。萬物須雷而解，資雨而潤，故經曰：『雷以動之，雨以潤之。』王者崇寬大，順春令，則雷應節，不則發動於冬，當震反潛。故《易傳》曰：『當雷不雷，太陽弱也。』太陽謂大壯。今蒙氣不除，則其效也。」蒙氣解見《京易》卷。

《漢書・五行志》曰：「《莊公七年》：❶『四月辛卯夜，恒星不見，夜中，星隕如雨。』《易》曰：『雷雨作，解。』是歲，歲在玄枵，齊分壄也。雨以解過施，復從上下，象齊桓行霸，復興周室也。周四月，夏二月也。」解二月卦，故以明之。

三月豫、訟、蠱、革、夬豫内卦主春分二月中，外卦主清明三月節。

《漢書・五行志》曰：「雷以二月出，其卦曰豫，言萬物隨雷出地，皆逸豫也。以八月入，其卦曰歸妹，言雷復歸。入地，則孕毓根核，與荄同。歸妹内卦主秋分八月。保藏蟄蟲，避盛陰之害。出地，則養長華實，發揚隱伏，宣盛陽之德。入能除害，出能興利，人君之象也。」《易緯乾鑿度》曰：「陽消陰言夬，夬爲言決也。當三月之時，陽盛息，消夬陰之氣，萬物畢生，靡不蒙化。譬猶王者之崇至德，奉承天命，伐決小人，以安百姓，故謂之決。」

仲翔注夬卦曰：「夬，陽決陰，息卦也。」

朱震《易叢説》曰：「夬，三月清明氣也，故曰『莧陸夬夬』。莧陸，三月、四月生也。」

❶「莊」，《漢書》避漢明帝諱作「嚴」，今據四庫本及《春秋》回改。

四月旅、師、比、小畜、乾旅内卦主穀雨三月中，外卦主立夏四月節。

《比・象》曰：「先王以建萬國，親諸侯。」

案，比，四月卦。古者封諸侯以夏，故有是象。《白虎通》曰：「封諸侯以夏何？陽氣盛養，故封諸侯，盛養賢也。」

干寶比卦注曰：「比，世于七月，而息來在巳，去陰居陽，承乾之命。義與師同。」

案，七月辰在申，四月辰在巳，故云「去陰居陽」。乾爲辟，故云「承乾命」。師亦世于七月，而息在巳。

《漢書・五行志》曰：「《昭十七年》：『六月甲戌朔，日有食之。』《左氏傳》平子曰：『唯正月朔，慝未作，日有食之，於是伐鼓用幣，其餘則否。』太史曰：『在此月也。當夏四月，是謂孟夏。』説曰：正月謂周六月，夏四月，正陽純乾之月也。慝謂陰爻也，冬至陽爻起初，故曰復。至建巳之月，爲純乾，亡陰爻，而陰侵陽，爲災重，故伐鼓用幣，責陰之禮。」《月令》：「孟春行夏令，則雨水不時。」康成注云：「巳之氣乘之也，四月於消息爲乾。」《後漢書》張純奏曰：「禘祭以夏四月，夏者陽氣在上，陰氣在下，故正尊卑之義也。」注云：「四月乾卦用事，故言陽氣在上也。」

《攝生月令》曰：「四月爲乾。」注云：「生氣卯，死氣酉。」

五月大有、家人、井、咸、姤大有内卦主小滿四月中，外卦主芒種五月節。

《易·大有·象》曰：「火在天上，曰大有。」荀爽曰：「謂夏火王在天，萬物並生，故曰大有。」

《井》九二：「井谷射鮒。」鮒，《子夏傳》謂「蝦蟇」。朱震曰：「井，五月之卦，故有蝦蟇。」

案，二體巽，巽爲風，風主蟲，子夏以爲蝦蟇，得之。

《周易參同契》曰：「姤始紀序，履霜最先，井底寒泉。」《井》九五曰：「井洌寒泉，食。」仲翔云：「泉自下出稱井。周七月，夏之五月，陰氣在下，二已變坎，十一月爲寒泉，故『洌寒泉』矣。」

《易·坤》初六曰：「履霜，堅冰至。」《九家易》云：「初六始姤，姤爲五月。盛夏而言堅冰，五月陰氣始生地中，言始於微霜，終至堅冰，以明漸順至也。」

《東觀漢記》司徒魯恭上疏曰：「案，《易》五月，姤卦用事。姤卦巽下乾上，初六一陰生，五月之卦也。經曰：『后以施令詰四方。』言君以夏至之日，施命令，止四方行者，所以助微陰也。」「詰」，王弼改作「誥」。

仲翔姤卦注曰：「姤，五月，南方。」

朱震《易叢説》曰：「姤，五月，夏至氣也，故曰『以杞包瓜』。瓜生於四月，中氣故也。」

六月鼎、豐、涣、履、遯鼎内卦主夏至五月中，外卦主小暑六月節。

《京房易傳》曰：「雷與火震動曰豐，宜日中，夏至積陰生，豐當正應，吉凶見矣。」日中也。

又云：「上木下火，氣稟純陽，陰生于内。」

《易·臨》卦曰：「至于八月有凶。」仲翔注云：「臨與遯旁通，臨消于遯，六月卦也。於周爲八月。」康成注云：「臨自周二月用事，訖其七月，至八月而遯卦受之。」

京房上封事曰：「臣前以六月中言遯卦不效，法曰：『道人始去寒，涌水爲災。』至其七月，涌水出。」

七月恒、節、同人、損、否

《損·彖》曰：「二簋應有時。」仲翔注云：「時謂春秋也。損二之五，二之五成益。震二月，互震體。益正月，春也。損七月，兑八月，秋也。震、兑初九主二分。謂春、秋祭祀，以時思之。」

《京房易傳》曰：「節建起甲申，至己丑。」陸績注云：「爲本身節氣。」案，七月在申，節，七月卦，故云本身節氣。又云：「金上見水，本位相資。金，節本位也。二氣交争，失節則嗟。」

八月巽、萃、大畜、賁、觀巽内卦主處暑七月，外卦主白露八月節。

《巽》初六曰：「進退，利武人之貞。」

案，四體兑，兑爲金，金主秋，立秋賞武人。巽又于消、息爲七月、八月，故曰「利武人之貞」。

虞仲翔姤卦注曰：「巽，八月，西方。」

《漢書·五行志》曰：「《定公元年》：『十月，隕霜殺菽。』劉向以爲：周十月，今八月也，於一作消。卦爲觀，陰氣未至君位而殺，剥則至君位矣。誅罰不由君出，在臣下之象也。」

九月歸妹、无妄、明夷、困、剥歸妹内卦主秋分八月，外卦主寒露九月節。

《歸妹·象》曰：「澤上有雷，歸妹。」干寶曰：「雷薄于澤，八月、九月，歸藏之時也。」

《易緯乾鑿度》曰：「孔子曰：『泰，正月之卦也。陽氣始通，陰道執順，故因此以見湯之嫁妹，能順天地之宜，立教戒之義也。湯嫁妹之詞，見《京房易》。至于歸妹，八月卦也，指内卦。

陽氣歸下，陰氣方盛，故復以見湯之嫁妹。』」

《郎顗傳》顗上《七事》曰：「漢興以來，今在戌仲十年。於《易雌雄祕曆》，今值困乏。凡九二困者，衆小人欲共困害君子也。經曰：『困而不失其所亨，其唯君子乎？』」

案，困，九月卦。九月建戌，順帝時在戌仲，當是困卦主歲，故以爲值困乏也。

朱子發《周易叢説》曰：「困，九月霜降氣也。故曰『株木』，曰『蒺藜』。蒺藜者，秋成也。」

《乾鑿度》曰：「陰消陽言剥。當九月之時，陽氣衰消，而陰終不能盡陽，小人不能決君子也。謂之剥，言不安而已。」

《漢書・五行志》曰：「《僖公三十三年》：『十二月，隕霜不殺草。』劉向以爲今十月，周十二月。於《易》，五爲天位，爲君位。九月陰氣至五，通於天位，其卦爲剥，剥落萬物，始大殺矣。明陰從陽命，臣受君令，而後殺也。今十月隕霜不殺草，此君誅不行，舒緩之應也。」

十月艮、既濟、噬嗑、大過、坤

《易緯乾鑿度》：「孔子曰，《既濟》九三：『高宗伐鬼方，三年尅之。』高宗者，武丁也，湯之後有德之君也。九月之時，陽失正位。既濟爲九月，未詳。盛德既衰，而九三得正，下陰，能終其道，濟成萬物。猶殷道中衰，至于高宗，扶救衰微，三年而惡消滅。」

應劭《風俗通》曰：「《易》噬嗑爲獄，十月之卦。獄從犬言聲，二犬亦存以守也。廷者，陽也，陽上生長。獄者，陰也，陰生刑煞。故獄皆在廷，比順其位。」《御覽》六百四十三卷。

朱子發《周易叢説》曰：「大過十月，小雪氣也。故曰『枯楊生稊』，『枯楊生華』。」《坤・文言》曰：「夫玄黄者，天地之雜也。」荀爽云：「消息之卦，坤位在亥，下有伏乾，陰陽相和，故曰『天地之雜也』。」

唐一行《開元大衍曆經》朱震《易叢説》曰：「孟喜、京房之學，其書概見於一行所集，大要皆自《子夏傳》而出。」

大衍步發斂術

天中之策五　餘二百二十一　秒三十一秒法七十二　地中之策六　餘二百六十五　秒八十六　秒法一百二十　貞悔之策三　餘百三十二　秒百三　辰法七百六十　刻法三百四

推七十二候，各因中節、大小餘命之，即初候日也。以天中之策及餘秒加之，數除如法，即次候日，又加得末候日，凡發斂皆以恒氣。

推六十卦，各因中氣、大小餘命之，公卦用事日也。以地中之策及餘秒累加之，數除如法，各次卦用事日。若以貞悔之策加諸侯卦，得十有二節之初，外卦用事日。

推五行用事，各因四立、大小餘命之，即春木、夏火、秋金、冬水首用事日也。以貞悔之策及餘秒，減四季中氣、大小餘，即其月土始用事日。

常氣月中節四月卦	初候	次候	末候
	始卦	中卦	終卦
冬至十一月中坎初六	蚯蚓結	麋角解	水泉動
	公中孚	辟復	侯屯內
小寒十二月節坎九二	鴈北鄉	鵲始巢	野雞始雊
	侯屯外	大夫謙	卿睽
大寒十二月中坎六三	雞始乳	鷙鳥厲疾	水澤腹堅
	公升	辟臨	侯小過內

立春	正月節 坎六四	東風解凍	侯小過外	蟄蟲始振	大夫蒙	魚上冰	卿益
雨水	正月中 坎九五	獺祭魚	公漸	鴻鴈來	辟泰	草木萌動	侯需內
驚蟄	二月節 坎上六	桃始華	侯需外	倉庚鳴	大夫隨	鷹化爲鳩	卿晉
春分	二月中 震初九	玄鳥至	公解	雷乃發聲	辟大壯	始電	侯豫內
清明	三月節 震六二	桐始華	侯豫外	田鼠化爲鴽	大夫訟	虹始見	卿蠱
穀雨	三月中 震六三	萍始生		鳴鳩拂其羽		戴勝降于桑	

立夏 四月節 震九四
小滿 四月中 震六五
芒種 五月節 震上六
夏至 五月中 離初九
小暑 六月節 離六二

公革
螻蟈鳴
侯旅外
苦菜秀
公小畜
螳螂生
侯大有外
鹿角解
公咸
温風至
侯鼎外

辟夬
蚯蚓出
大夫師
靡草死
辟乾
鵙始鳴
大夫家人
蜩始鳴
辟姤
蟋蟀居壁
大夫豐

侯旅内
王瓜生
卿比
小暑至
侯大有内
反舌無聲
卿井
半夏生
侯鼎内
鷹乃學習
卿渙

大暑	離六月中九三	腐草爲螢	公履	土潤溽暑	辟遯	大雨時行	侯恒內
立秋	離七月節九四	涼風至	侯恒外	白露降	大夫節	寒蟬鳴	卿同人
處暑	離七月中六五	鷹祭鳥	公損	天地始肅	辟否	禾乃登	侯巽內
白露	離八月節上九	鴻鴈來	侯巽外	玄鳥歸	大夫萃	羣鳥養羞	卿大畜
秋分	兌八月中初九	雷乃收聲	公賁	蟄蟲培户	辟觀	水始涸	侯歸妹內
寒露	兌九月節九二	鴻鴈來賓		雀入大水爲蛤		菊有黃花	

霜降 九月中 兑六三		立冬 十月節 兑九四		小雪 十月中 兑九五		大雪 十一月節 兑上六		
侯歸妹外	豺乃祭獸	公困	水始冰	侯艮外	虹藏不見	公大過	鶡鳥不鳴	侯未濟外
大夫无妄	草木黄落	辟剥	地始凍	大夫既濟	天氣上騰地氣下降	辟坤	虎始交	大夫蹇
卿明夷	蟄蟲咸俯	侯艮内	野雞入水爲蜄	卿噬嗑	閉塞而成冬	侯未濟内	荔挺出	卿頤

七十二候三微。

《易緯乾鑿度》曰：「天氣三微而成一著，三著而成一體。」康成注云：「五日爲一微，十五日爲一著，故五日有一候，十五日成一氣也。」又曰：「八卦之生物也，畫六爻之移氣，周而從卦。」康成注云：「八卦生物，謂其歲之八節，每一卦生三氣，則各得十五日。今言畫六爻，是則中分之言。太史司刻漏者，每氣兩箭，四十八箭。猶是生焉。」猶，由通。

孔氏《月令》正義曰：「凡二十四氣，氣有十五日有餘；每氣中半分之，爲四十八氣；氣有七日半有餘。故鄭注《周禮》云『有四十八箭』，是一氣易一箭也。凡二十四氣，每三分之，七十二氣，氣間五日有餘，故一年有七十二候也。故《通卦驗》：『冬至之前五日，商旅不行，兵甲伏匿，人主與羣臣左右從樂五日，以五日爲一候也。』」

唐一行「五《卦候議》」曰：「七十二候，原于周公《時訓》。《月令》雖頗有增益，然先後之次則同。」

朱子發《卦氣圖説》曰：「二十四氣，七十二候，見於周公之《時訓》，吕不韋取以爲《月令》焉，其上則見於《夏小正》。《夏小正》者，夏后氏之書，孔子得之於杞者。夏建寅，故其書始於正月；周建子，而授民時，巡守祭享，皆用夏正，説本《周書》。故其書始於立春。《夏小正》具十二月而無中氣，有候應而無日數。至于《時訓》，乃五日爲候，三候爲氣，六十日爲節。二書詳略雖異，其大要則同。豈《時訓》因《小正》而加詳歟？《左氏傳》曰：『先王之正時也，履端於始，舉正於中，歸餘於終。』中，謂中氣也。漢《詔》曰：『昔者黄帝，合而不死，名察庶驗，❶定清濁，起五部，建氣物分數。』氣，謂二十四氣，則中氣其來尚矣。仲尼贊《易》時，已有《時訓》。《七月》一篇，則有取於《時訓》可知。《易通卦驗》，易家傳先師之言，所記氣候，比之《時訓》，晚者二十有四，早者三，當以《時訓》爲定。故子雲《太玄》二十四氣，關子論七十二候，皆以《時訓》。」

漢儒傳六日七分學

《後漢·方術傳》曰：「其流又有風角、遁甲、遁，古文巡。《太玄》所謂「巡乘六甲，與斗相逢」也。七政、日、月、五星之政。元氣、開闢陰陽之書，《漢書》以太極爲元氣。六日七分、逢占、逢人所問而占之。日者、挺專、折竹卜。須臾、陰陽吉凶立成之法。孤虚之術。」

《郎顗傳》：「父宗，字仲綏，學《京氏易》，善風角、星算、六日七分。」

---

❶「庶驗」，四庫本作「發斂」。

《崔瑗傳》：「瑗明天官曆數、《京房易傳》、六日七分。」

《何休傳》：「休注《孝經》、《論語》、風角、七分，皆經緯典謨，不與守文同説。」

漢《綏民校尉熊君碑》曰：「治歐羊與陽同。《尚書》、六日七分。」

《隋・經籍志》：「京房《周易飛候六日七分》八卷。」五行家。

易漢學卷三

東吳徵士惠棟學

虞仲翔易

八卦納甲之圖

右圖：坎、離，日、月也。戊、己，中土也。晦夕朔旦，坎象流戊；日中則離，離象就己。三十日會于壬，三日出于庚，《孔子三朝記》曰：「日歸於西，起明于東；月歸于東，起明于西。故月三日成震，時在庚西。」仲翔曰：「戊、己土位，象見于中，故坎、離在中央。」八日見于丁，十五日盈于甲，十六日退于辛，二十三日消于丙，二十九日窮于乙，滅于癸。乾息坤，成震，三日之象；兑，八日之象；震本屬東方，兑本屬西方，然月之生明必于庚，上弦必于丁，故震在西，兑在南，諸卦可以類推。十五日而乾體成。坤消乾，成巽，十六日也；艮，二十三日也；二十九日而坤體就。出庚見丁者，指月之盈虛而言，非八卦之定體也。乾盈于甲，行至辛而始退。震爲始生，巽爲始退，而皆在西；兑上弦，艮下弦，而皆在南；乾滿于甲，坤窮于乙，而皆在東。此以月所行之道言之，而納甲由是生焉。甲乾、乙坤，相得合木，故甲、乙在東；丙艮、丁兑，相得合火，故丙、丁在南；戊坎、己離，相得合土，故戊、己居中；庚震、辛巽，相得合金，故庚、辛在西；天壬、地癸，相得合水，故壬、癸在北。丙、丁在南方，所謂「二八應一斤」也；甲、乙在東方，壬、癸在北方，所謂「乾坤括始終」也。《御覽》引《京房易説》曰：「月初光見西方，已後生光見東方，皆日所照。」《法言》曰：「月未望則載魄于西，既望則終魄于東。其遡于日乎。」《繫辭》所云「在天成象」，又曰「縣象著明莫大乎日月」，是也。仲翔述道士之言，謂「《易》道在天，三爻足矣」，其言旨哉！

《坤·象》曰：「西南得朋，乃與類行。」謂陽得其類，月朔至望，從震至乾，與時偕行，故「乃與類行」。東北喪朋，乃終有慶。」陽喪滅坤，坤終復生，謂月三日震象出庚，故「乃終有慶」。仲翔曰：「此指説《易》道陰陽消息之大要也。謂陽月三日變而成震出庚，至月八日成兑見丁。庚西丁南，故『西南得朋』，謂二陽爲朋。二十九日消乙入坤，滅藏於癸，乙東癸北，故『東北喪朋』。謂之以坤滅乾，坤爲喪也。」

《小畜》上九曰：「月幾望。」《易説》曰：「月十五盈乾甲，十六見巽辛，内乾外巽，故月幾望。」《中孚》六四：「月幾望。」晁氏説之曰：「孟、荀、一行『幾』作『既』。孟喜云：『十六日也。』案此，則孟長卿亦用納甲。説之案，古文讀『近』爲『既』，《詩》『往近王舅』是也。此實當作『既』。」

棟案，六四體巽，故云「既望」。晁説是。

《蹇・彖》曰：「蹇，利西南，往得中也。不利東北，其道窮也。」仲翔曰：「坤，西南卦，坎爲月，月生西南，故『利西南，往得中』，謂西南得朋也。艮，東北之卦，月消於艮，喪乙滅癸，故『不利東北，其道窮也』，則東北喪朋矣。」《説卦》云：「艮，東北之卦也，萬物之所成終而所成始也。」仲翔曰：「萬物成始乾甲，成終坤癸。艮，東北，是甲、癸之間，故萬物之所成終而成始者也。」案，仲翔之意，艮本東北之卦，而消于丙，當在南方。乾十五日也，坤三十日也，艮在中，距乾、坤皆八日，甲東癸北，故云「艮，東北甲、癸之間」。《蹇・彖》又云：「蹇之時用大矣哉。」仲翔曰：「謂坎月生西南，庚丁。而終東北。甲癸。震象出庚，兑象見丁，乾象盈甲，巽象退辛，艮象消丙，坤象窮乙，喪滅於癸。終則復始，以生萬物，故用大矣。」

《歸妹・彖》曰：「歸妹，人之終始也。」仲翔曰：「人始生乾，而終於坤，故人之終始。《雜卦》曰『歸妹女之終』，謂陰終坤癸，則乾始震庚也。」

《繫辭上》曰：「在天成象。」仲翔曰：「謂日月在天成八卦。震象出庚，兑象見丁，乾象盈甲，巽象伏辛，艮象消丙，坤象喪乙，坎象流戊，離象就己，故在天成象也。」三畫謂之象，六畫謂之爻，日月在天成八卦，止以三才言之。仲翔曰：「八卦乃四象所生，非庖犧之所造也。」觀此可悟。

又云：「縣象著明，莫大乎日月。」仲翔曰：「謂日月縣天成八卦象。三日暮震象出庚，八日兑象見丁，十五日乾象盈甲，十六日旦巽象退辛，二十三日艮象消丙，三十日坤象滅乙。晦夕朔旦，坎象流戊，日中則離，離象就己，戊、己土位，象見於中。宋人作《納甲圖》以坎、離列東、西者，誤甚。日月相推，而明生焉。」

又曰：「四象生八卦。」仲翔曰：「乾二五之坤，則生震、坎、艮；坤二五之乾，則生巽、離、兑。故四象生八卦。乾、坤生春，甲、乙。艮、兑生夏，丙、丁。震、巽生秋，庚、辛。坎、離生冬者也。」

《參同契》曰：「子、午數合三，坎子，離午。戊、己號稱五。三五既和諧，八石正綱紀。」又云：「水以土爲鬼，土鎮水不起。朱雀爲火精，執平調勝負。水盛火須滅，俱死歸厚土。三性古文「姓」皆作「性」，漢碑猶然。既合會，本姓共宗祖。」仲翔注《説卦》云：「水火相通，坎戊離己，月三十一會于壬。」是坎、離生冬之義。《易乾鑿度》曰：「離爲日，坎爲月。日月之道，陰陽之經，所以終始萬物，故以坎、離爲終。」康成云：「言以日月終天地之道。」

《繫辭下》曰：「八卦成列，象在其中矣。」仲翔曰：「象謂三才成八卦之象。乾、坤列東，甲、乙。艮、兑列南，丙、丁。震、巽列西，庚、辛。坎、離在中，戊、己。故八卦成列，則象在其中。」

《説卦》曰：「水火不相射。」仲翔曰：「謂坎、離。射，厭也。水火相通，坎戊離己，月三十日一會於壬，故不相射也。」仲翔又注歸妹曰：「乾主壬，坤主癸，日月會此。」

又云：「萬物出乎震，震，東方也。」仲翔曰：「出，生也。震初不見東，震初出庚，在西。故不稱東方卦也。」「齊乎巽，巽，東南也。」注云：「巽陽隱初，又不見東南，巽在西。亦不稱東南卦，與震同義。」「離也者，明也。萬物皆相見，南方之卦也。」注云：「離象三爻皆正，日中正，南方之卦也。」日中則離。「兑，正秋也。」注云：「兑三失位不正，故言正秋。兑象不見西，兑在南。故不言西方之卦。」「戰乎乾，乾，西北之卦也。」注云：「乾剛正，五月十五日晨象西北，暮在東。故西北之卦。」「坎者，水也，正北方之卦也。」注云：「坎二失位不正，故言正北方之卦，與兑正秋同義。坎月夜中，故正北方。」「艮，東北之卦也，萬物之所成終而所成始也。故曰成言乎艮。」注云：「萬物成始乾甲，成終坤癸。艮東北，甲、癸之間，説見前。故萬物之所成終而成始者也。」

魏伯陽《參同契》曰：「天符有進退，詘伸以應時。故易統天心，復卦建始萌。長子繼父體，因母立兆基。沈括曰：「乾初爻交坤生震，故震初爻納子、午，乾初子、午故也。」消息應鍾律，詳後圖。升降據斗樞。《漢書·律曆志》云：「玉衡杓建，天之綱也。」如淳曰：「杓，音猋，斗端星也。」孟康曰：「斗在天中，周制四方，猶宫聲處中，爲四聲綱也。」《太玄》曰：「巡乘六甲，與斗相逢。」三日出爲爽，爽，明也。震庚受西方。朱子曰：「三日，第一節之中，月生明之時也。蓋始受一陽之光，昏見於西方庚地。」八日兑受丁，上弦平如繩。朱子曰：「八日，第二節之中，月上弦之時，受二陽之光，昏見於南方丁地。」十五乾體就，盛滿甲東方。朱子曰：「十五日，第三節之中，月既望之時，全受日光，昏見於東方甲地，是爲乾體。」蟾蜍與兔魄，日月氣雙明。蟾蜍視卦節，兔魄吐生光。七八道已訖，七八，十五。屈折低下降。十六轉受統，巽辛見平明。朱子曰：「十六日，第四節之始，始受下一陰爲巽而成魄，以平旦而没於西方辛地。」艮直於丙南，下弦二十三。朱子曰：「二十三日，第五節之中，復生中一陰爲艮而下弦，以平旦而没於南方丙地。」坤乙三十日，東北喪其朋。節盡相禪與，繼體復生龍。朱子曰：「三十日，第六節之終，全變三陽而光盡，體伏於東北。一月六節既盡，而禪於後月，復生震卦云。」壬、癸配甲、乙，乾坤括始終。沈括曰：「乾納甲、壬，坤納乙、癸者，上下包之也。」七八數十五，九六亦相應。四者合三十，七八、九六皆合于十五，所謂四象生八卦也。陽氣索滅藏。」滅藏于癸。《續漢書·律曆志》曰：「故太史待詔張隆，言能用《易》九六、七八爻，知月行多少，蓋用納甲之法以知晦、朔、弦、望耳。」

又云：「火記不虚作，演易以明之。偃月法鼎爐，白虎爲熬樞。郭《洞林》云：「兑爲白虎。」永日爲流珠，青龍與之俱。《御覽》引古注云：「日爲陽，陽精爲流珠。青龍，東方少陽也。」舉東以合西，日東月西。魂魄自相拘。日魂月魄。上弦兑數八，下弦艮亦八。兩弦合其精，乾、坤體乃成。兑息成乾，艮消成坤。二八應一斤，易道正不傾。」

又云：「晦、朔之間，合符行中。坎戊、離己。始於東北，箕、斗之鄉，甲、癸之間，上爲箕、斗。旋而右轉，嘔輪吐萌，潛潭見象。《春秋緯》有《潛潭巴》，義與此同。昴、畢之上，震出爲徵。昴、畢在庚。陽氣造端，初九潛龍。注見上，下同。陽以三立，《春秋緯·元命包》曰：「陽立於三，故三日出爲震。」陰以八通。陰立於八。三日震動，八日兑行。九二見龍，兑爲見。和平有明。三五德就，十五日。乾體乃成。九三夕愓，虧折神符。盛衰漸革，終還其初。巽繼其統，固濟保持。九四或躍，進退道危。巽爲進退。艮主進止，不得逾時。二十三日，典守弦期。九五飛龍，天位加喜。六五坤承，結括終始。韞養衆子，世爲類母。上九亢龍，戰德於野。用九翩翩，爲道規矩。陽數已訖，訖則復起。推情合性，轉而相與。循環璇璣，升降上下。周流六爻，難可察覩。故無常位，爲《易》宗祖。」

又云：「坎戊月精，離己日光。日月爲易，《繫辭下》云：「易者，象也。」仲翔云：「易謂日月，縣象著明莫大日月也。」剛柔相當。土旺四季，羅絡始終。青赤黑白，各居一方。甲、乙青，丙、丁赤，壬、癸黑，庚、辛白。皆稟中宮，戊、己之功。」戊、己黄。

《龍虎上經》曰：「丹砂流汞父，汞，《説文》作「澒」。云：「丹沙所化，爲水銀也。」戊、己黄金母。鍾律還二六，十二律。斗樞建三元。赤童戲朱雀，郭《洞林》云：「離爲朱雀。」變化爲青龍。坤初變成震，三日月出庚。東、西分卯、酉，龍、虎自相尋。震龍、兑虎，卯東、酉西。坤再變成兑，八日月出丁。上弦金半斤，坤三變成乾。十五三陽備，圓照東方甲。《春秋保乾圖》曰：「日以圓照。」金水温太陽，赤髓流爲汞。姹女弄明璫，月盈自合虧。十六運將減，乾初缺成巽。平明月見辛，乾再損成艮。二十三下弦，下弦水半斤。月出於丙南，乾三變成坤。坤乙三十日，東北喪其朋。月没於乙地，坤乙月既晦。土木金將化，❶繼坤生震龍。乾坤括始終，如上三十日。坤生震、兑、乾，乾生巽、艮、坤。八卦列布曜，推移不失中。」

❶「木」，原缺，今據《四部叢刊》影印明正統《道藏》本《雲笈七籤》補。

案,《龍虎經》似宋初人僞撰。如「圓照東方甲」、「坤生震、兑、乾」,皆不知漢《易》者也。「圓照東方甲」,先天之説也,納甲異是。故謂「乾生震、坎、艮」、「坤生巽、離、兑」則可,謂「乾生巽」、「坤生震」則不可,至謂「坤生乾」、「乾生坤」則尤謬也。

《漢書》李尋曰:「月者,衆陰之長,銷息見伏,百里爲品,千里立表,萬里連紀,妃后大臣諸侯之象也。朔晦正終始,壬、癸配甲、乙。弦爲繩墨,兑、艮。望成君德,乾爲君。春、夏南,秋、冬北。」

京房《乾》卦傳曰:「甲、壬配外、内二象。」陸績曰:「乾爲天地之首,分甲、壬入乾位。」

案,乾納甲、壬,故内三爻甲子、寅、辰,外三爻壬午、申、戌。

京房《履》卦傳曰:「六丙屬八卦,九五得位爲世身,九二大夫合應象。」陸績曰:「艮,六丙也。」

案,艮五世履,故云「六丙」。

《京氏易傳》曰:「分天、地、乾、坤之象,益之以甲、乙、壬、癸。陸績曰:「乾坤一卦爲天地陰陽之本,故分甲、乙、壬、癸,陰陽之始終。」震、巽之象配庚、辛,庚陽入震,辛陰入巽。坎、離之象配戊、己,戊陽入坎,己陰入離。艮、兑之象配丙、丁。丙陽入艮,丁陰入兑。八卦分陰陽,六位配五行,光明四通,佼一作傚,又作簡。易立節。」

又曰：「鼎，木能巽火，故鼎之象。中虛見納，受辛於内也。」

案，巽納辛，謂離中虛而受巽、辛，故有鼎象。《古文尚書·堯典》曰：「女汝。耐能。暮庸。侖命。顨巽。朕朕。立。位。」《説文》曰：「顨，巽也。从丌从頁。此《易·顨》卦，爲長女，爲風者。」馬融注《尚書》曰：「顨，遜也。」顨，古文巽。巽納辛，許叔重謂受辛者宜辤之。故辤字从受、从辛，亦巽讓之義也。

《唐律義疏》曰：「按禮日見于甲，月見于庚。」

案，仲翔注《易·訟》上九曰：「乾爲甲，日出甲上，故稱朝。」《説文》曰：「早，从日在甲上。」古文「早」作「𣅀」。十五乾盈甲，日月相望，月上屬爲天使，故「日見于甲」也。三日月出庚，震屬庚，故「月見于庚」也。夫婦之義取諸此。

五位相得而各有合

《繫辭》曰：「天數五，地數五，五位相得而各有合。」仲翔曰：「五位，謂五行之位。甲乾乙坤，相得合木，謂天地定位也。丙艮丁兑，相得合火，山澤通氣也。戊坎己離，相得合土，水火相逮也。水火相通合土，《參同契》所謂「三物一家，都歸戊己」也。庚震辛巽，相得合金，雷風相薄也。天壬地癸，相得合水，虞注《説卦》「水火不相射」，❶云：「謂坎、離。射，厭也。水火相通，坎戊離己，月三十日一會於壬，故不相射。」虞又注《繫辭》「四生八卦」，云：「乾、坤生春，艮、兑生夏，震、巽生秋，坎、離生冬，皆是義也。」言陰陽相薄而戰於乾。故五位相得而各有合。」

乙　丁　己　辛　癸　　五位相得

三木　二火　五土　四金　一水

甲　丙　戊　庚　壬　　而各有合

右圖，見宋本《參同契》，當是仲翔所作，與前説合。《月令》所謂「孟春之月，其日甲乙；孟夏之月，其日丙丁」是也。《月令》又云：「孟春其數八，孟夏其數七。」蓋以土數乘木、火、金、水而成，即劉歆大衍之數也。皇侃《禮記義疏》以爲金、木、水、火，得土而成。以水數一，得土

❶「虞注説卦」至「皆是義也」注文，四庫本作「荀爽言建亥月乾坤合居」。

數五，故六也；火數二，得土數五，爲成數七；木數三，得土數五，爲成數八；又金數四，得土數五，爲成數九。《參同契》謂：「土旺四季，羅絡始終。青赤黑白，各居一方。皆禀中宫，戊己之功。」皆是物也。朱子發作《易圖》及《叢説》，據仲翔「甲乾乙坤，相得合木」之注，以爲甲一、乙二、丙三、丁四、戊五、己六、庚七、辛八、壬九、癸十；乾納甲、壬，配一、九；坤合乙、癸，配二、十。殊不知納甲之法，甲與乙合；生成之數，一與六合。兩説判然。朱氏合而一之，漢學由是日晦矣。

周流六虚

《繫辭》曰：「變動不居，周流六虚。」仲翔曰：「六虚，六位也。乾坤十二辰分六位，陸績説也。乾三畫，坤三畫，分六位，仲翔説也。日月周流，終則復始，故周流六虚，謂甲子之旬辰爲虚。坎戊爲月，離己爲日，入在中宫，其處空虚，故稱六虚。五甲如次者也。」

棟案，「甲子之旬辰爲虚」者，六甲孤虚法也。裴駰曰：「甲子旬中無戌、亥，戌、亥爲孤，辰、巳爲虚。甲戌旬中無申、酉，申、酉爲孤，寅、卯爲虚。甲申旬中無午、未，午、未爲孤，子、丑爲虚。甲午旬中無辰、巳，辰、巳爲孤，戌、亥爲虚。甲辰旬中無寅、卯，寅、卯爲孤，申、酉爲虚。甲寅旬中無子、丑，子、丑爲孤，午、未爲虚。」太史公曰：「日辰不全，故有孤虚。」張存中《四書通證》云：「陰陽家《金匱》曰：『六甲旬，孤上坐者勝，虚上坐者負。』伍子胥曰：『凡遠行諸事不得往。』」甲、乙爲日，合而爲五行；子、丑爲辰，分而爲六位。《淮南子》謂之六府。故《京房易傳》曰：「降五行，頒六位。」《漢書·律曆志》曰：「天數五，地數六。六爲虚，五爲聲，周流於六虚，虚者爻律。」乾、坤十二爻，黄鍾十二律，陰、陽各六。其説皆與仲翔合。天有五行十二辰，《參同契》曰：「日合五行精，月受六律紀。五六三十度，度竟復更始。」《易》有四正十二消息，《樂》有五聲十二律，《參同契》曰：「消息應鍾律。」其義一也。仲翔又謂「坎月離日，入在中宫，其處空虚」者，此謂坎、離爲乾、坤二用也。乾位六，坤位六，主一歲之消、息。坎戊離己，居中宫，旺四季，出乾入坤，流行于六位消、息之中，而消、息獨無二卦象，故云「其處空虚」也。《參同契》曰：「天地設位，而易行乎其中矣。天、地者，乾、坤之象也；設位者，列陰、陽配合之位也。乾、坤各六。易謂坎、離，日、月。坎、離者，乾、坤二用。二用無爻位，十二消息不見坎、離象。《朱子語類》解《參同契》二用，即乾坤用九、用六，殊誤。周流行六虚，往來既不定，上下亦無常。幽潛淪匿，變化於中。包囊萬物，爲道紀綱。以無制有，器用者空。故推消、息，坎、離没亡。」是則坎、離者，於五行爲土，於五聲爲宫。《律曆志》云：「天之中數五，五爲聲，聲上宫，五聲莫大焉。地之中數六，六爲律，律者，著宫聲也。宫以九唱六，變動不居，周流六虚。」始於子，終於亥，而乾、坤六位畢矣。十一月黄鍾，乾初九，至十月應鍾，坤六三，而一歲終。

乾爲積善

《坤·文言》曰：「積善之家，必有餘慶。積不善之家，必有餘殃。」仲翔曰：「謂初。乾爲積善，以坤牝陽，滅出復震，爲餘慶。乾成于震，謂月三日。坤積不善，以乾通坤，極姤生巽，爲餘殃。」坤生于巽，謂十六日。仲翔又注履上九曰：「乾爲積善，故考祥。」《漢議郎元賓碑》曰：「乾乾積善，蓋古人以陰爲惡，陽爲善。」朱穆奏記曰：「善道屬陽，惡道屬陰。」《尚書大傳·考績訓》曰：「積不善至於幽，六極以類降，故黜之；積善至于明，五福以類升，故陟之。」乾爲善，又爲福，故仲翔注謙卦云：「坤爲鬼害，乾爲神福。」乾乾積善，謂九三也。五福攸好德，其積善之謂乎？

虞氏逸象

《荀九家》逸象三十有一，載見陸氏《釋文》，朱子采入《本義》。虞仲翔傳其家五世孟氏之學，八卦取象，十倍于《九家》。如乾爲王，乾爲君，故爲王。《九家》震爲王，乾初九也。爲神，陽爲神。爲人，指九三。案，康成注《乾鑿度》曰：「人象乾德而生。」又云：「太乙常行乾宫，降感而生人。」爲聖人，九五。爲賢人，九二，二升坤五，故曰賢人。爲君子，謂九三，三于三才爲人道。爲善人，乾爲善，爲人，故爲善人。乾元，善之長也。爲武人，乾陽剛武，《春秋外傳》曰：「天事武。」爲行人，爲物，乾純粹精，故主爲物。爲敬，九三，夕愓若厲。厲，《説文》引作「夤」。夤，敬也。《左傳》：「成季之生也，筮之，遇大有之乾，曰：『同復于父，敬如君所。』」是乾爲敬也。爲威，爲嚴，君德威嚴。《太玄》曰：「地坎而天嚴。」爲道，乾爲天，道之大原，出于天，故乾爲道。《彖傳》曰：「乾道變化。」爲德，乾有四德。爲性，天命之謂性。爲信，坎之孚也。爲善，善道屬陽。爲良，乾善故良。爲愛，長人故愛。爲忿，乾剛武爲忿。爲生，爲慶，陽稱慶。爲祥，善也。爲嘉，四德，亨者嘉之會。爲福，爲祿，爲積善，爲介福，介，大。爲先，坤「先迷，後得主」，故乾爲先。爲始，乾知大始。爲知，乾以易知。爲大，陽稱大。爲盈，十五乾盈甲。爲肥，乾盈故肥。爲好，賈逵曰：「好生于陽。」爲施，陽主施。爲利，利四德之一。爲清，乾爲天，輕清者爲天。爲治，乾元用九，天下治。爲高，爲宗，宗，尊也。乾爲天，天尊，故爲宗。爲甲，乾納甲，《素問》曰：「天氣始于甲。」爲老，四月乾已老。爲舊，爲古，《周書·周祝》曰：「天爲古。」《尚書》曰：「若稽古帝堯。」鄭注云：「稽，同也。古，天也。」爲久，不息則久。爲畏，與「威」通。爲大明，本卦。爲晝，爲遠，虞注《謙·象》曰：「天道遠，故乾爲遠。」爲郊，位西北之郊。爲野，與郊同義。爲門，乾坤易之門。爲大謀，坎心爲謀，乾稱大，故爲大謀。爲道門，爲百，乾三爻，三十六，故百，略其奇八，與大衍之五十同義。《左傳》：「陳敬仲生，周史筮之，遇乾之否，曰：『庭實旅百，奉之以玉帛，天地之美具焉。』」蓋艮爲庭，爲實；坤爲旅，爲帛；乾爲百，爲玉也。爲歲，爲朱，乾爲大赤，故爲朱。爲頂，與首同義。爲圭，爲玉，故爲圭。爲蓍。蓍數百，與乾同。《白虎通》引《禮・雜記》曰：「蓍，陽之老也。」坤爲妣，坤爲喪，爲母。母喪，故稱妣。爲民，一君二民。爲姓，爲刑人，坤爲刑。爲小人，陰稱小。爲鬼，乾神坤鬼。《黄帝占》以坤爲鬼門。爲尸，坤爲身，爲喪，身喪，故爲尸。爲形，在地成形。爲自，爲我，爲躬，《釋詁》曰：「躬，身也。」爲身，《釋詁》曰：「身，我也。」爲至，至哉坤元。爲安，坤主静，故安。《左傳》：「畢萬筮仕，遇屯之比，辛廖占之曰：『安而能殺。』」杜預以爲坤安震殺也。《月令》「晏陰」，鄭注云：「陰稱安。」爲康，猶安也。爲富，《大戴禮・誥志》曰：「地作富。」爲財，《禮運》曰：「天生時而地生財。」爲積，爲聚，爲重，爲厚，厚德載物。爲基，爲致，與至同。爲用，爲包，爲寡，坤陰水，故爲寡。爲徐，爲營，坤爲旬，古文旬、營通。《詩・江漢》「來旬來宣」，箋云：「旬當爲營。」此其證。爲下，地卑故下。爲裕，坤弱故裕。爲虚，乾息爲盈，坤消爲虚。《太玄》曰：「陽道常饒，陰道常乏，陰陽之道也。」爲書，地事文，故爲書，坤爲文也。爲永，坤用六，利永貞。爲邇，爲近，《法言》曰：「近如地。」坤爲身，本諸身者最近，故爲邇，爲近也。爲思，爲默，爲惡，好惡之惡。賈逵曰：「惡生于陰。」爲禮，爲義，《周書》曰：「地道曰義。」《乾鑿度》曰：「地静而理曰義。」爲事，六三「或從王事」，京房云：「陰爲事。」爲類，《彖傳》。爲閉，坤闔户，故閉。爲密，兑上爻。爲恥，爲欲，坤陰吝嗇，爲欲。爲過，積惡，故爲過。爲醜，坤爲夜。《太玄》：「夜以醜之。」《詩》：「中冓之言，言之醜也。」薛君《章句》：「中冓，中夜。」爲惡，惡道屬陰。《春秋傳》曰：「惟正月之朔，慝未作。」謂建巳之月，惡未作也，是知陰爲惡。爲怨，爲害，爲終，代終。爲死，爲喪，坤喪于乙。爲殺，爲亂，爲喪期，爲積惡，初六。爲冥，爲晦，月晦于坤。爲夜，爲暑，冬至復初九，乾也。《稽覽圖》曰：「冬至之後，三十日極寒。」故乾爲寒。夏至姤初六，坤也。《稽覽圖》曰：「夏至之後，三十日極暑。」故坤爲暑。爲乙，坤納乙。爲年，爲十年，坤數十。爲盍，與「闔」同。爲户，爲闔户，《繫辭》。爲庶政，坤衆，故爲庶；坤發于事業，故爲政。爲大業，《繫辭》。爲土，爲田，爲邑，爲國，爲邦，坤爲土，爲民，民以土服，故爲國，爲邦。爲大邦，爲鬼方，爲鬼，爲方，故爲鬼方。爲器，形而下者謂之器。爲缶，坤，土。爲輻，爲大輿，故爲輻。爲虎，《京房易》：「坤爲虎刑。」爲黄牛。震爲帝，帝出乎震。爲主，主器。爲諸侯，漢司徒丁恭曰：「古者帝王封諸侯不過百里，故利以建侯，取法于雷。」《逸禮·王度記》曰：「諸侯封不過百里，象雷震百里。」爲人，爲行人，爲行，爲人，故爲行人。爲士，震初元士。爲兄，爲夫，《晉語》司空季子論屯之震曰：「一夫之行也。」韋昭云：「一夫，一人也。震一索而得男，故曰一夫。」爲元夫，爲行，韋昭曰：「震爲作足，故爲行。」《晉語》曰：「一夫之行也。」爲征，猶行也。爲出，三日出震。爲逐，震爲驚走，故稱逐。爲作，東作之義。震爲作足。作，起也，震起，故爲作。爲興，猶起也。爲奔，爲奔走，爲驚衛，爲百，《論語讖》曰：「雷震百里，聲相附。」宋均注：「雷動百里，故因以制國也。」《酈炎對事》曰：「或曰：『雷震驚百里，何以知之？』炎曰：『以其數知之。夫陽動爲九，其數三十六；陰静爲八，其數三十二。一陽動二陰，故曰百里。』」爲言，爲講，爲議，爲問，爲語，爲告，震善鳴，故有諸象。爲響，爲音，震爲鼓，故爲音。爲應，同聲相應。鄭注《曲禮》曰：「雷之發聲，物無不同時應者。」爲交，爲懲，爲反，爲後，爲長子❶，故爲後。爲世，❷世子。爲從，《春秋傳》：「大子曰冢子，君行則守，有守則從。」故爲從。爲守，守宗廟社稷。爲左，震在卯，卯爲左。爲生，震春爲生，又月三日生明。爲緩，爲寬仁，《太玄》曰：「三八爲木。性仁，情喜。」震爲春，春主仁。《樂緯・稽耀嘉》曰：「仁者有惻隱之心，本生于木。」注云：「仁生于木，故惻隱出于自然也。」爲樂，《春秋繁露》曰：「春，蠢也，蠢蠢然喜樂之貌。」爲笑，本卦。爲大笑，爲陵，震爲阪生。❸阪，陵阪。爲祭，主祭。爲鬯，長子主祭器。爲草莽，《太玄》曰爲草。爲百穀，爲百，爲稼，故爲百穀。爲麋鹿，麋鹿善驚，震驚之象。《京房易傳》曰：「震遂泥厥咎，國多麋。」爲筐，服虔曰：「震爲竹，竹爲筐。」爲趾。足也。坎爲雲，上坎爲雲，下坎成雨。爲玄雲，爲大川，爲志，心志一也。爲謀，《洪範》謀屬水。《釋言》曰：「謀，心也。」爲惕，加憂爲惕。爲疑，爲恤，爲逖，恤、逖，皆憂也。爲悔，坎心爲悔。爲涕洟，爲疾，爲災，❹爲破，爲罪，爲悖，爲欲，坎水爲欲。爲淫，坎水爲淫。爲獄，坎爲叢棘，故爲獄。爲暴，坎盜爲暴。爲毒，爲虛，爲瀆，煩瀆之瀆。爲孚，爲平，水性平。爲則，法則。爲經，「六經」之「經」。爲法，見《左傳》。《太玄》曰：「一六

---

❶「爲長子故爲後」六字，四庫本作「初位在下故言後」。
❷「世」上，四庫本有「後」字。
❸「震爲阪生阪陵阪」七字，四庫本作「震爲九陵故爲陵」。
❹「災」，四庫本作「失」。

爲水，類爲法。」爲蘽，坎爲蘽棘。爲聚，爲習，本卦。爲美，坎爲美脊，故美。爲後，爲入，爲納，納，古作内，與「入」同義。爲臀，爲要，爲膏，坎雨稱膏。《太玄》曰：「類爲膏。」注云：「潤萬物也。」爲陰夜，坎月夜。爲三歲，坎上，三歲不覿。爲酒，爲鬼，《太玄》曰：「類爲鬼。」范望注云：「陰所聚也。」爲校，桎梏之類。爲弧，爲弓彈，爲穿木。桎梏爲穿木。艮爲弟，爲小子，爲賢人，九三。爲童，爲童僕，爲官，爲友，爲道，爲徑路，故爲道。爲時，爲小狐，爲狼，❶爲碩，爲碩果，剥卦。爲慎，爲順，艮爲弟，善事兄弟，故爲順。古文慎、順通。爲待，爲執，爲手，故爲執。爲多，艮多節，故爲多。爲厚，爲求，艮、兑同氣相求，故爲求。爲篤實，見《大畜·象》。爲穴居，爲城，爲宫，門闕宫象。爲庭，杜預注《左傳》曰：「艮爲門庭。」爲廬，爲牖，爲居，爲舍，與居同義。爲宗廟，爲社稷，爲星，艮主斗，斗建十二辰；艮爲人，斗合于人統。朱子發引仲翔注曰：「離、艮爲星。」離爲日，非星也，朱誤讀虞注耳。爲斗，艮上值斗。《九家易》曰：「艮數三，七九六十三，三主斗。」爲沫，小星。爲肱，爲背，艮爲多節，故稱背，《艮》卦云：「艮其背。」爲尾，爲皮。艮爲膚，故爲皮。巽爲命，本卦。爲誥，見姤卦。爲號，爲商，巽近利市三倍，故爲商。爲隨，爲處，巽陽居，故爲處。爲歸，爲利，近利市。爲同，齊乎巽。齊，同也。爲交，爲白茅，爲草莽，爲草木，剛爻爲木，柔爻爲草。爲薪，爲帛，爲墉，爲牀，巽木爲牀。爲桑，爲

---

❶「狼」，四庫本作「猿」。

蛇，位在巳。爲魚。郭璞曰：「魚者，震之廢氣也。」朱子發曰：「巽王則震廢，故仲翔以巽爲魚也。」離爲黄，六二。爲見，相見乎離。爲飛，鳥體飛。爲明，嚮明而治。爲光，爲甲，日出甲上，爲甲冑，故爲甲。爲孕，爲大腹，故爲孕。爲戎，戈兵，戎器。爲刀，爲斧，爲資斧，爲矢，爲黄矢，馬、王亦云離爲矢，見《釋文》。離爲黄，故又爲黄矢。爲罔，罔罟取諸離。爲鶴，爲鳥，見《左傳》。爲飛鳥，爲甕，爲瓶。皆中虚之象。兑爲友，朋友講習。爲朋，二陽爲朋。爲刑，爲刑人，兑秋爲刑。爲小，爲密，❶爲見，見《雜卦》。仲翔曰：「兑陽息二，故見。」爲右，兑在酉。酉，右也；又，手也。兑爲口，口助手，故爲右。仲翔云：「口助稱右。」《説文》曰：「右，手口相助也。」爲少知。以上取象，共三百三十一。❷乾六十，❸坤八十二，震五十，坎四十六，艮三十八，巽二十，離十九，兑九。雖大略本諸經，然其授受，必有所自，非若後世鄉壁虚造，漫無根據者也。又《説卦》異同者五：震爲旉，旉作専；爲反生，反作阪；巽爲廣顙，廣顙作黄桑；艮爲指，爲狗，狗作拘；兑爲羊，羊作羔。

❶「爲密」上，四庫本有「爲折」二字。
❷「三十一」，四庫本作「二十七」。
❸「乾六」至「巽二十」二十一字，四庫本作「乾六十一坤七十七震五十坎四十五艮三十九巽十六」。

孔文舉書

孔融《荅虞仲翔書》曰：「示所著《易傳》，自商瞿以來，舛錯多矣，去聖彌遠，衆説騁辭。曩聞延陵之理樂，今覩吾子之治《易》，知東南之美者，非徒會稽之竹箭也。又觀象雲物，察應寒温，原其禍福，與神合契，可謂探索旁通者已。方世清聖，上求賢者，梁邱以卦筮寧世，劉向以《洪範》昭名，想當來翔，追蹤前烈，相見乃盡，不復多陳。」《藝文》五十五。

仲翔奏上《易注》曰：「臣聞六經之始，莫大陰陽，是以伏羲仰天縣象，而建八卦，八卦從納甲而生，故云「仰天縣象」。觀變動六爻，爲六十四，以通神明，以類萬物。臣高祖父，故零陵太守光，少治《孟氏易》，兩漢以後，七十子之學，惟孟氏獨得其傳。曾祖父，故平輿令成，纘述其業，至臣祖父鳳爲之最密。臣亡考故日南太守歆，《北堂書鈔》一百二卷引《會稽典録》曰：「虞歆，字文肅，歷郡守，節操高厲。魏曹植爲東阿王，東阿先有三十碑，銘多非實，植皆毁除之，以歆碑不虚，獨全焉。」又《御覽》四百十一卷引《會稽典録》云：「虞固，字季鴻，少有孝行，後爲日南太守。」似又一人。受本于鳳，最有舊書，世傳其業，至臣五世。前人通講，多玩章句，雖有祕説，于經疏闊。臣生遇世亂，長于軍旅，習經于枹鼓之間，講論于戎馬之上，蒙先師之説，依經立注。非傳五世之學，及蒙先師之説，不能注《易》。又臣郡吏陳桃夢臣與道士相遇，放髮被鹿裘，布《易》六爻，挑其三以飲臣，臣乞盡吞之。道士言《易》道在天，三爻足矣。在天成象，納甲止據三爻。豈臣受命，應當知經。所覽諸家解，不離流俗，義有不當，實輒悉改定，以就其正。孔子曰：『乾元用九而天下治。』聖人南面，蓋取諸離，斯誠天子所宜協陰陽、致麟鳳之道矣。謹正書副上，惟不罪戾。」

仲翔又奏曰：「經之大者，莫過于《易》。自漢初以來，海内英才，其讀《易》者，解之率少。桓寬《鹽鐵論》桑大夫問《易》中一事，山東文學六十人皆不能荅。班固撰《孟喜傳》，不識「箕子之明夷」，古文作「其子」，讀爲「荄茲」。至孝靈之際，潁川荀諝號爲知《易》，臣得其注，有愈俗儒，仲翔論兩漢之《易》，獨推慈明，最爲知言，所不滿者，下兩條而已。仲翔注《易》，大略本諸慈明升降、卦變耳。至所説『西南得朋，東北喪朋』，顛倒反逆，了不可知。荀以午至申，得坤一體，爲「得朋」；子至寅，喪坤一體，爲「喪朋」。虞據納甲，以荀説爲不然也。孔子歎《易》曰：『知變化之道者，其知神之所爲乎。』以美大衍四象之作，四象，謂象兩，象三，象四時及閏，《易》有四象，所以示也。而上爲章首，荀屬下章章首。尤可怪笑。又南郡太守馬融，名有俊才，其所解釋，復不及諝。融于《易》全無發明，不及荀諝遠甚。孔子曰『可與共學，未可與適道』，豈不其然？若乃北海鄭玄，南陽宋忠，雖各立注，忠小差玄，而皆未得其門，言忠差勝玄，而皆未得門而入也。忠注見「羣龍」一節，獨勝諸儒。難以示世。」

易漢學卷四

東吴徵士惠棟學

京君明易上　附干寶❶

八卦六位圖出《火珠林》。

乾屬金▬壬戌土▬壬申金▬壬午火▬甲辰土▬甲寅木▬甲子水

李淳風曰：「乾主甲子、壬午。甲爲陽日之始，壬爲陽日之終，子爲陽辰之始，午爲陽辰之終。初爻在子，四爻在午。乾主陽，内子爲始，外午爲終也。」

❶「寶」，四庫本作「令升」。

坤屬土⚋癸酉金⚋癸亥水⚋癸丑土⚋乙卯木⚋乙巳火⚋乙未土

李淳風曰：「坤主乙未、癸丑。乙爲陰之始，癸爲陰之終，丑爲陰辰之始，未爲陰辰之終。坤初爻在未，四爻在丑。坤主陰，故內主未，而外主丑也。」

朱震《周易叢説》曰：「甲、壬得戌、亥者，均謂之乾，不一其甲子、壬子也。乙、癸得申、未者，均謂之坤，不一其乙未、癸未也。故論乾則甲子與壬子同，甲寅與壬寅同，甲辰與壬辰同，壬午與甲午同，壬申與甲申同，壬戌與甲戌同；論坤則乙未與癸未同，乙巳與癸巳同，乙卯與癸卯同，乙丑與癸丑同，乙亥與癸亥同，乙酉與癸酉同。」

震屬木⚋庚戌土⚋庚申金⚊庚午火⚋庚辰土⚋庚寅木⚊庚子水

李淳風曰：「震主庚子、庚午。震爲長男，即乾之初九。甲對於庚，故震主庚。以父授子，故主子、午，與父同也。」

巽屬木⚊辛卯木⚊辛巳火⚋辛未土⚊辛酉金⚊辛亥水⚋辛丑土

李淳風曰：「巽主辛丑、辛未。巽爲長女，即坤之初六。乙與辛對，故巽主辛。以母授女，故主丑、未，同於母也。」

坎屬水⚋戊子水⚊戊戌土⚋戊申金⚋戊午火⚊戊辰土⚋戊寅木

李淳風曰：「坎主戊寅、戊申。坎爲中男，故主于中辰。」

離屬火⚊己巳火⚋己未土⚊己酉金⚊己亥水⚋己丑土⚊己卯木

李淳風曰：「離主己卯、己酉。離爲中女，故亦主于中辰。」

艮屬土⚊丙寅水⚋丙子水⚋丙戌土⚊丙申金⚋丙午火⚋丙辰土

李淳風曰：「艮主丙辰、丙戌。艮爲少男，乾上爻主壬對丙，用丙辰、丙戌，是第五配。」

兑屬金⚋丁未土⚊丁酉金⚊丁亥水⚋丁丑土⚊丁卯木⚊丁巳火

李淳風曰：「兑主丁巳、丁亥。兑爲少女，坤上爻主癸對丁，用丁巳、丁亥，乃第六配。」

右圖載見《周易六十四卦火珠林》，❶即納甲法也。《抱朴子》曰：「案《玉策記》及《開名經》，皆以五音六屬知人年命之所在。子、午屬庚，原注：震初爻，庚子、庚午。丑、未屬辛，巽初爻，辛丑、辛未。寅、申屬戊，坎初爻，戊寅、戊申。卯、酉屬己，離初爻，己卯、己酉。辰、戌屬丙，艮初爻，丙辰、丙戌。巳、亥屬丁。」兑初爻，丁巳、丁亥。《禮記·月令》正義引《易林》云：今《易林》無之。「震主庚子、午，巽主辛丑、未，坎主戊寅、申，離主己卯、酉，艮主丙辰、戌，兑主丁巳、亥。」案，《玉策記》、《開名經》皆周秦時書。京氏之説，本之焦氏，焦氏又得之周秦以來先師之所傳，不始于漢也。

朱子發曰：「乾交坤而生震、坎、艮，故自子順行。震自子至戌六位，長子代父也；乾初子、午。坎自寅至子六位，中男也；艮自辰至寅六位，少男也。坤交乾而生巽、離、兑，故自丑逆行。巽自丑至卯六位，配長男；離自卯至巳六位，配中男也；兑自巳至未六位，配少男也。女，從人者也，故其位不起于未。《易》於《乾》卦言『大明終始，六位時成』，則七卦可以類推。」

沈存中曰：「震納子、午，順傳寅、申，陽道順；巽納丑、未，逆傳卯、酉，陰道逆。」

---

❶「載見」至「珠林」十一字，四庫本作「胡一桂曰京氏云降五行領六位」。

案，沈氏又以震、巽納庚、辛，從下而上，與胎育之理同。其説非也。《易乾鑿度》云「易氣從下生」，兼乾、坤言之也，何獨六子耶？陽左行故順，陰右行故逆，爻辰亦然，朱、沈之説未盡。

項平菴曰：「陽卦納陽干陽支，陰卦納陰干陰支。陽六干皆進，陰六干皆退。惟乾納二陽，坤納二陰，包括首尾，則天地父母之道也。」

《易·乾》九四：「或躍在淵。」干寶曰：「躍者，暫起之言，既不安於地，而未能飛於天也。四以初爲應，謂初九甲子，龍之所由升也。」

案，乾初九甲子水，干氏以喻武王孟津甲子之事，故云。

《坤》上六：「龍戰于野，其血玄黄。」干寶曰：「陰在上六，十月之時也。爻終於酉，坤上六癸酉金。而卦成於乾。卦本乾也，陰消成坤。乾體純剛，不堪陰盛，故曰『龍戰』。戌、亥，乾之都也，故稱『龍』焉。」

《蒙》初六：「發蒙，利用刑人。」干寶曰：「初六戊寅，坎初六戊寅木。平明之時，天光始照，故曰『發蒙』。坎爲法律，寅爲貞廉，以貞用刑，故『利用刑人』矣。」

案，廉貞，火也。寅中有生火，故云。

《井》初六：「井泥不食。」干寶曰：「在井之下，體本土爻，巽初六辛丑土。故曰『泥』也。

井而爲泥，則不可食，故曰『不食』。」

《震》六二《象》曰：「震來厲，乘剛也。」干寶曰：「六二木爻，庚寅木。震之身也，得位無應，而以乘剛爲危。此記文王積德累功，以被囚爲禍也。」

《月令》：「季夏行春令，則穀實鮮落，國多風欬。」康成注云：「辰之氣乘之也。未屬巽，辰又在巽位，二氣相亂爲害。」《正義》云：「案，《易林》云『巽主辛丑未』，是未屬巽也。」

《漢書·王莽傳》曰：「徵杜陵史氏女爲皇后，羣臣上壽曰：『廼庚子雨水灑道，辛丑清靚無塵，其夕穀風迅疾，從東北來。辛丑，巽之宮日也。巽爲風爲順，后誼明，母道得，溫和慈惠之化也。』」

《朱子語類》曰：「《火珠林》占一屯卦，則初九是庚子，六二是庚寅，六三是庚辰，六四是戊午，當是戊申。九五是戊申，當是戊戌。上六是戊戌。當是戊子。」

京氏《易積算法》曰：「夫子曰：『八卦因伏羲，暨乎神農，重乎八純，聖理玄微，易道難究。迄乎西伯父子，研理窮通，上下囊括，推爻考象，配卦世應，加乎星宿，屬於六十四所，二十四氣，分天地之數，定人倫之理，驗日月之行，尋五行之端，災祥進退，莫不因兹而兆矣。故考天地、日月、星辰、山川、草木、蟲魚鳥獸之情狀，運氣生死休咎，不可執一隅，故曰《易》含萬象。』」

如京説，則今占法所謂納甲、世應、游歸、六親、六神之説，皆始于西伯父子也。此條，今《京氏易傳》無之，載見《困學紀聞》。案胡一桂云：「京君明《易傳》有兩種，其一題云《京氏易傳》，其間論積算法，亦无起例可推。及卜筮新條例，占求官家宅之類。及列六十四卦，定三百八十四爻斷法，與今下卷同，而尤詳備者。」

八宮卦次圖

乾上爲世爻不變	姤一世	遯二世	否三世	觀四世	剥五世	晉遊魂用離	大有歸魂
震	豫	解	恒	升	井	大過用兑	隨
坎	節	屯	既濟	革	豐	明夷用坤	師
艮	賁	大畜	損	睽			

	履	中孚用巽	漸	
坤	復	臨	泰	大壯
	夬	需用坎	比	
巽	小畜	家人	益	无妄
	噬嗑	頤用艮	蠱	
離	旅	鼎	未濟	蒙
	渙	訟用乾	同人	
兌	困	萃	咸	蹇
	謙	小過用震	歸妹	

乾

上爲世爻不變

五世變剥

四世變觀

三世變否下體成坤

二世變遯

一世變姤

張行成曰：「若上九變，遂成純坤，無復乾性矣。乾之世爻，上九不變，九返於四而成離，則明出地上，陽道復行。故遊魂爲晉，歸魂於大有，則乾體復於下矣。」

震	⚋ 上世不變	⚋ 五世變井	⚊ 四世變升	⚋ 三世變恒下體成巽	⚋ 二世變解	⚊ 一世變豫
坎	⚋ 上世不變	⚊ 五世變豐	⚋ 四世變革	⚋ 三世變既濟下體成離	⚊ 二世變屯	⚋ 一世變節
艮	⚊ 上世不變	⚋ 五世變履	⚋ 四世變睽	⚊ 三世變損下體成兑	⚋ 二世變大畜	⚋ 一世變賁

坤

上世不變　五世變夬　四世變大壯　三世變泰下體成乾　二世變臨　一世變復

張行成曰：「若上六變，遂成純乾，無復坤性矣。坤之世爻，上六不變，六返於四而成坎，則雲上於天，陰道復行。故遊魂之卦爲需，歸魂於比，則坤體復於下矣。」

巽

上世不變　五世變噬嗑　四世變无妄　三世變益下體成震　二世變家人　一世變小畜

離

上世不變　五世變渙　四世變蒙　三世變未濟下體成坎　二世變鼎　一世變旅

兑

上世不變

五世變謙

四世變蹇

三世變咸 下體成艮

二世變萃

一世變困

張行成曰：「陰陽相爲用，用九以六，故乾之用在離；用六以九，故坤之用在坎。《參同契》曰：『易謂日月。』日月合爲古文易字。案，《説文》云「秘書，日月爲易」是也。坎、離者，乾、坤之妙用，二用無爻位，周流行六虚。是故乾、坤互變，坎、離不動，當遊魂爲變之際，各能還其本體也。」經云：「乾道變化，各正性命。」性命者，坎、離也。言乾、坤互變，坎、離不動，故云「各正」。坎爲性，離爲命。

又云：「凡八卦遊魂之變，乾、坤用坎、離，坎、離用乾、坤，震、艮用巽、兑，巽、兑用震、艮，皆爲陰陽互用，以至六十四卦，若上爻不變則皆然。是故諸卦祖於乾、坤，皆有乾、坤之性也。其正以坎、離爲用者，惟乾、坤爲然。坎、離肖乾、坤，故用乾、坤。」

案，乾用離爲晉，離用乾爲訟；坤用坎爲需，坎用坤爲明夷。故云「乾、坤用坎、離，坎、離用乾、坤」也。震用兑爲大過，兑用震爲小過；艮用巽爲中孚，巽用艮爲頤。故云「震、艮用巽、兑，巽、兑用震、艮」也。若以世變言之，則乾與坤、坎與離、震與巽、艮與兑，兩卦陰陽互相爲用也。

九四爲八純，本爻又在上卦，故曰「遊魂」。九三復歸本體，在内卦，故曰「歸魂」。

世　應附遊歸。

京房《易積算法》曰：「孔子《易》云：『有四易，一世、二世爲地易，三世、四世爲人易，五世、八純八純，俗本作六世，訛。爲天易，游魂、歸魂爲鬼易。』」

《易乾鑿度》曰：「三畫成乾，六畫成卦。三畫已下爲地，四畫已上爲天。易氣從下生。動於地之下，則應於天之下；動於地之中，則應於天之中；動於地之上，則應於天之上。注云：「天氣下降以感地，故地氣動升以應天也。」初以四，二以五，三以上，此之謂應。」

又云：「天地之氣，必有終始，六位之設，皆由上下，故易始於一，易本無體，氣變而爲一，故氣從下生也。分於二，清濁分於二儀。通於三，陰陽氣交，人生其中，故爲三才。革于四，❶□□□□□□□□。❷盛於五，二壯於地，五壯於天，故爲盛也。終於上。」

《左傳》昭五年正義曰：「卦有六位，初、三、五奇數，爲陽位也；二、四、上耦數，爲陰位

---

❶「革于四」三字，原缺，今據影印文淵閣《四庫全書》本《惠氏易説》補。

❷此八「□」，清《武英殿聚珍版叢書》本《周易乾鑿度》原缺。

也。初與四，二與五，三與上，位相值，爲相應。陽之所求者陰，陰之所求者陽。陽陰相值，爲有應；陰還值陰，陽還值陽，爲無應。」

干寶《易·蒙》卦注曰：「蒙者，離宮陰也，世在四。」

《謙·象》曰：「謙，亨。」《九家易》曰：「艮山坤地。山至高，地至卑，以至高下至卑，故謙也。謙者，兑世，五世。艮與兑合，故亨。」

《噬嗑》初九：「屨校滅趾。」干寶曰：「屨校，貫械也。初居剛躁之家，震爲躁卦。體貪狼之性，坎爲貪狼，震爲陰賊，二者相得而行，故云。以震掩巽，巽五世，故掩巽。强暴之男也，行侵陵之罪，以陷屨校之刑也。」

《恒·象》曰：「恒亨，无咎，利貞。久於其道也。」荀爽曰：「恒，震世也。巽來乘之，震三世，下體成巽。陰陽會合，故通无咎。長男在上，長女在下，夫婦道正，故利貞，久于其道也。」

《解·象》曰：「天地解而雷雨作，雷雨作而百果草木皆甲宅。」荀爽曰：「解者，震世也。二世。仲春之月，草木萌牙，雷以動之，雨以潤之，日以烜之，故甲宅也。」

《益》六二曰：❶「王用亨于帝，吉。」干寶曰：「聖王先成民而後致力於神，故王用亨于

❶「二」，原作「三」，今據四庫本改。

帝。在巽之宮，三世。處震之象，是則倉精之帝同始祖矣。」

《井》卦曰：「改邑不改井。」干寶曰：「水，殷德也；木，周德。夫井德之地也，所以養民性命，而清潔之主者也。自震化行，至于五世，震五世井。改殷紂比屋之亂俗，而不易成湯昭假之法度也。故曰『改邑不改井』。」

「豐，亨，王假之，勿憂，宜日中。」干寶曰：「豐坎宮陰世在五，以其宜中而憂其側也。坎爲夜，離爲晝，以離變坎，至于天位，五爲天子。日中之象。殷，水德。坎象晝敗，而離居之。周伐殷，居王位之象也。『勿憂』者，勸勉之言也。言周德當天人之心，宜居王位，故宜日中。」

《下繫》曰：「上古結繩而治，後世聖人易之以書契，百官以治，萬民以察。蓋取諸夬。」《九家易》曰：「夬本坤世，五世。下有伏坤，書之象也。坤爲文。上又見乾，契之象也。乾爲金。以乾照坤，察之象也。夬者，決也。取百官以書治職，萬民以契明其事。契，刻也。大壯進而成夬，大壯，坤四世，陽進成夬。金決竹木，爲書契象，故法夬而作書契矣。」

劉禹錫《辨易九六論》曰：「董生述畢中和之語云：『《國語》晉公子親筮之，曰：尚有晉國？得貞屯悔豫皆八。』按，坎二世而爲屯，屯六二爲世爻；震一世而爲豫，豫之初爲世爻。屯之二、豫之初，皆少陰不變，故謂之八。」兩卦至歸魂始變爲九。

京房《乾》傳曰：「精粹氣純，是爲游魂。」陸績曰：「爲陰極剥盡，陽道不可盡滅，故返陽道。道不復本位爲游魂，例八卦。」

先曾王父樸菴先生《易說》諱有聲，字律和。曰：「碩果不食，故有游歸。」

又曰：「陰陽代謝，至於游魂。《繫》云：『精氣爲物，游魂爲變，是故知鬼神之情狀。』」

樸菴先生曰：「此《易緯》以游歸爲鬼易也。」

《乾·象》曰：「大明終始。」荀爽曰：「乾起坎而終於離，坤起離而終於坎，離、坎者，乾、坤之家，而陰、陽之府。故曰『大明終始』。」

家君曰：「乾遊魂於火地，歸魂於火天，故曰『終于離』。坤游魂於水天，歸魂于水地，故曰『終于坎』。」

干寶《序卦》注曰：「需，坤之游魂也。雲升在天而雨未降，翱翔東西之象也。王事未至，飲宴之日也。夫坤者，地也，婦人之職也，百穀果蓏之所生，禽獸魚鼈之所託也。而在游魂變化之象，即烹爨腥實以爲和味者也。故曰『需者，飲食之道也』。」

又《訟》卦注曰：「訟，離之游魂也。離爲戈兵，此天氣將刑殺，訟主八月。聖人將用師之卦也。」

《隨·象》曰：「隨，剛來而下柔，動而說，隨。大亨貞，无咎。」荀爽曰：「隨者，震之歸魂。震歸從巽，故大通。震三世下體成巽，至歸魂，始復本體。動爻得正，故利貞。陽降陰升，嫌於有咎，動而得正，故无咎。」

《蠱·彖》曰：「蠱，元亨而天下治也。」荀爽曰：「蠱者，巽也。巽歸合震，巽三世至游魂皆震也。故元亨也。蠱者，事也。備物致用，故天下治也。」

《姤·彖》曰：「天地相遇，品物咸章也。」荀爽曰：「謂乾成於巽而舍於離，坤出於離與乾相遇。南方夏位，萬物章明也。」《九家易》曰：「謂陽起子，運行至四月，六爻成乾，巽位在巳，故言『乾成於巽』。既成傳舍于離、坤，萬物皆盛大，從離出，與乾相遇，故言『天地遇也』。」

家君曰：「乾一世内卦，四世外卦，皆巽也，故言『乾成于巽』；遊魂于火地晉，故言『舍于離、坤』；歸魂于火天大有，故言『出于離，與乾相遇』。」又案，巽，本宫四月卦也。一世内卦、四世外卦，皆乾也，知巽亦成于乾。

飛伏

朱子發曰：「凡卦見者爲飛，不見者爲伏。飛，方來也；伏，既往也。《説卦》『巽其究爲躁卦』，例飛伏也。太史公《律書》曰：『冬至一陰下藏，一陽上舒。』此論復卦初爻之伏巽也。」六十卦飛伏，詳《京房易傳》。

《唐六典》曰：「凡《易》用四十九算，分而揲之，凡十八變而成卦。又視卦之八氣，王、相、囚、夷、胎、没、休、廢及飛、伏、世、應而使焉。」

《京房易傳》曰：「夏至起純陽，陽爻位伏藏，冬至陽爻動，陰氣凝地。」

《乾》初九：「潛龍勿用。」《象》曰：「潛龍勿用，陽在下也。」朱子發曰：「《左傳》蔡墨曰：『在乾之姤曰：潛龍勿用。』初九變坤，下有伏震，潛龍也。」此與漢《易》異。

《坤》上六：「龍戰于野。」荀爽曰：「消息之位，坤在於亥，下有伏乾，爲其兼王弼改作「嫌」。于陽，故稱龍也。」

《睽·彖》曰：「説而麗乎明，柔進而上行，得中而應乎剛。」仲翔曰：「剛謂應乾五伏陽，非應二也。與鼎五同義也。」

《鼎·彖》曰：「柔進而上行，得中而應乎剛，是以元亨。」仲翔曰：「柔謂五，得上中，應乾五剛。亦是伏陽。巽爲進，震爲行，非謂應二剛。與睽五同義也。」

《坤·文言》曰：「《易》曰：『履霜，堅冰至。』蓋言順也。」荀爽曰：「霜者，乾之命令。坤下有伏乾，履霜堅冰，蓋言順也。乾氣加之，性而讀爲能，猶耐也。堅，象臣順君命而成之。」

又曰：「陰雖有美含之，❶以從王事，弗敢成也。」荀爽曰：「六三陽位，下有伏陽。坤，陰卦也，雖有伏陽，含藏不顯，以從王事，要待乾命，不敢自成也。」

《困·象》曰：「君子以致命遂志。」虞仲翔曰：「君子謂三，伏陽也。」

案，六三戊午火，故云「伏陽」。

《繫辭上》曰：「樂天知命，故不憂。」荀爽曰：「坤建於亥，乾立於巳，陰陽孤絶，其法宜憂。坤下有伏乾爲樂天，乾下有伏巽爲知命，巽爲命。陰陽合居，故不憂。」

《繫辭下》曰：「龍蛇之蟄，以全身也。」仲翔曰：「蟄，潛藏也。龍潛而蛇藏。陰息初巽爲蛇，陽息初震爲龍。十月坤成，十一月復生，姤、巽在下，龍、蛇俱蟄。初坤爲身，故以全身也。」

又云：「利用安身，以崇德也。」《九家易》曰：「利用，陰道用也，謂姤時也。陰升上究，則乾伏坤中，屈以求信，陽當復升，安身默處也。」

---

❶「含」，原漫漶不清，今據續編本補。

貴賤

《乾鑿度》曰：「初爲元士，在位卑下。二爲大夫，三爲三公，四爲諸侯，五爲天子，上爲宗廟。宗廟，人道之終。凡此六者，陰陽所以進退，君臣所以升降，萬民所以爲象則也。」

《坤》六三：「或從王事。」干寶曰：「陽降在四，自否來。三，公位也；陰升在三，三，公事也。」

《訟》上九：「或錫之鞶帶。」荀爽曰：「鞶帶，宗廟之服。三應於上，上爲宗廟，故曰『鞶帶』也。」

《師》上六：「大君有命，開國承家。」干寶曰：「《離》上九曰：『王用出征，有嘉折首。』上六爲宗廟，武王以文王行，故正開國之辭於宗廟之爻。明己之受命，文王之德也。」

《解》上六：「公用射隼。」仲翔曰：「上應在三，公謂三，伏陽也。」

《損·象》曰：「曷之用，二簋可用享。」荀爽曰：「二簋謂上體二陰也。上爲宗廟。簋者，宗廟之器，故可享獻也。」

《益》六三：「有孚中行，告公用圭。」仲翔曰：「公謂三，伏陽也。三，公位，乾爲圭，圭，玉也。乾爲玉。乾之二，故告公用圭。」卦自否來，故稱乾。

《巽》上九：「巽在牀下。」《九家易》曰：「上爲宗廟。禮，封賞出軍，皆先告廟，然後受行。三軍之命，將之所專，故曰『巽在牀下』也。」

《繫辭下》曰：「二與四同功而異位。」崔憬曰：「二主士、大夫位，佐於一國。四主三孤、三公、牧伯之位，佐於天子。皆同有助理之功也。二，士、大夫，位卑；四，孤、公、牧伯，位尊，故有異也。」

又云：「三與五同功而異位。」崔憬曰：「三，諸侯之位；五，天子之位。同有理人之功，而君臣之位異者也。」

爻等

《繫辭下》曰：「爻有等，故曰物。」干寶曰：「等，羣也。爻中之義，羣物交集，五星四氣，六親九族，福德刑殺，衆形萬類，皆來發於爻，故總謂之物也。」

京房乾卦傳曰：「水配位爲福德，陸績曰：「甲子水，是乾之子孫。」木入金鄉居寶貝，甲寅木，乾之財。土臨內象爲父母，甲辰土，乾父母。火來四上嫌相敵，壬午火，乾官鬼。金入金鄉木漸微。」壬申金，同位傷木。

京房《易積筭法》曰：「孔子曰：『八卦鬼爲繫爻，財爲制爻，天地爲義爻，陸績曰：「天地即父母也。」福德爲寶爻，福德，即子孫也。同氣爲專爻。』」兄弟爻也。

《抱朴子》引《靈寶經》周秦時書。謂：「支干上生下曰寶日，原注：甲午、乙巳是也。下生上曰義日，壬申、癸酉是也。上克下曰制日，戊子、己亥是也。下克上曰伐日，甲申、乙酉是也。上下同曰專日。」又云：「入山當以寶日及義日，若專日者大吉，以制日、伐日必死。」

《淮南·天文》曰：「子生母曰義，母生子曰保，與「寶」通。子母相得曰專，母勝子曰制，子勝母曰困。困即繫也。以勝擊殺，勝而無報。以專從事，而有功。以義行理，名立而不墮。以保畜養，萬物蕃昌。以困舉事，破滅死亡。」

《淮南》之説，與京房及《靈寶經》合。蓋周秦以來，相傳之法，九師言《易》，安知不用是爲占歟？師法用辰不用日，故《京易》止據辰也。

《參同契》曰：「水以土爲鬼。」

今占法：水以土爲官，以火爲妻。案，《左傳》曰：「火，水妃也。」蓋從所勝者名之。故鄭康成注《尚書·鴻範》曰：「木八爲金九妻也。」

《比》六三：「比之匪人。」《象》曰：「比之匪人，不亦傷乎！」干寶曰：「六三乙卯，坤之鬼吏。在比之家，有土之君也。周爲木德，卯爲木辰，同姓之國也。爻失其位，辰體陰賊，卯木以陰氣賊害土，故爲陰賊。管、蔡之象也。比建萬國，唯去此人，故曰『比之匪人不亦傷』，王政也。」

《小畜》九五《象》曰：「有孚攣如，不獨富也。」《九家易》曰：「有信，下三爻也。體巽，故『攣如』，如謂連接其鄰。鄰謂四也。五以四陰作財，卦體木六四，辛未土，乃制爻也，故爲財。與下三陽共之，故曰『不獨富也』。」

《隨》初九：「官有渝，此《易經》官爻之明文。貞吉。出門交有功。」《九家易》曰：「渝，變也。謂陽來居初，德正爲震。震爲子，得土之位，故曰官也。陰陽出門，相與交通，陰往之上，亦不失正，故曰『貞吉』而『交有功』。」

先儒皆以隨爲否上之初，初柔升上，是乾之上九居坤初爲震，坤之初六升乾上而爲兑也。震初庚子水，得坤初乙未土之位，故曰「官有渝」。水以土爲官鬼，官鬼變則吉也。上本陰位，故陰往之，上亦不失正。

《漢書·王莽傳》曰：「太后聽公卿采莽女，有詔遣大司徒、大司空策告宗廟，雜加卜筮，皆曰：『兆遇金水王相，服虔曰：「卜法：横者爲土，立者爲木，邪向經者爲金，背經者爲火，因兆而細曲者爲水。」孟康曰：「金水相生也。」卦遇父母得位，父母者，京房所謂天地爻也。皇后母天下，父母得位，故吉。所謂康强之占，逢吉之符也。』」

貞悔

《尚書·鴻範》曰："曰貞曰悔。"又云："卜五占用。句。二衍忒。句。"鄭氏曰："二衍忒，謂貞悔也。"

《左傳》僖九年曰："秦伯伐晉，卜徒父筮之。其卦遇蠱，曰：『蠱之貞，風也；其悔，山也。』"

《晉語》曰："公子親筮之，曰：『尚有晉國。』得貞屯悔豫，皆八。"韋昭曰："震在屯爲貞，在豫爲悔。"

《京房易傳》曰："静爲悔，發爲貞。"

《唐六典》曰："凡内卦爲貞，朝占用之；外卦爲悔，暮占用之。"

胡氏炳文曰："乾上九，外卦之終，曰『有悔』。坤六三，内卦之終，曰『可貞』。貞、悔二字，豈非發諸卦之凡例歟？"

易漢學卷五

東吴徵士惠棟學

京君明易下

五　行

京房《易積算法》曰：「寅中有生火，孟康曰：「南方火，火生於寅，盛于午。」亥中有生木，東方木，木生於亥，盛於卯。巳中有生金，西方金，金生于巳，盛于酉。申中有生水，北方水，水生於申，盛于子。《詩緯·含神霧》曰：「集微揆著，上統玄皇，下序四始，羅列五際。」《推度災》曰：「建四始五際而八節通。」《汎曆樞》曰：「午亥之際爲革命，卯酉之際爲改正。辰在天門，出入候聽。亥，水始也。寅，木始也。巳，火始也。申，金始也。」丑中有死金，孟康曰：「丑，窮金也。」戌中有死火，戌，窮火也。未中有死木，未，窮木也。《説文》曰：「五行，木老於未。」辰中有死水，辰，窮水也。土兼於中。」此即後世術家長生訣之先河也。長生訣有十二辰，見《唐六典》。

《淮南·天文》曰：「凡日，甲剛乙柔，丙剛丁柔，以至于癸。木生于亥，壯於卯，死於未，三辰皆木也。火生于寅，壯於午，死於戌，三辰皆火也。土生於午，壯於戌，死於寅，三辰皆土也。金生於巳，壯於酉，死於丑，三辰皆金也。水生於申，壯於子，死於辰，三辰皆水也。故五勝生一、壯五、終九。」

案，《乾鑿度》言物有始，有壯，有究，即生一、壯五、終九之説。

高堂隆議臘用日云：「王者各以其行之盛而祖，以其終而臘。水始於申，盛於子，終於辰，故水行之君以子祖，以辰臘；火始於寅，盛於午，終於戌，故火行之君以午祖，以戌臘；木始於亥，盛於卯，終於未，故木行之君以卯祖，以未臘；金始於巳，盛於酉，終於丑，故金行之君以酉祖，以丑臘；土始於未，盛於戌，終於辰，故土行之君以戌祖，以辰臘。」

博士秦静議《易》曰：「坤爲土，土爲西南，成德在未，故大魏以未祖。戌者，歲終日窮之辰，不宜以爲歲初祖祭之行始也。《易》曰：『坤，利西南得朋，東北喪朋。』丑者土之終，故以丑臘，終西復始，乃終有慶。宜如前，以未祖丑臘。」《通典》四十四。

翼奉上封事曰：「北方之情好也，好行貪狼，申、子主之。孟康曰：「水性觸地而行，觸物而潤，多所好。故多好則貪而無厭，故爲貪狼也。」東方之情怒也，怒行陰賊，亥、卯主之。「木性受水氣而生，貫地而出，故爲怒；以陰氣賊害土，故爲陰賊也。」貪狼必待陰賊而後動，陰賊必待貪狼而後用，二陰並行，是以王者忌子、卯也。《禮經》避之，《春秋》諱焉。李奇曰：「北方陰也，卯又陰賊，故爲二陰，王者忌之，不舉樂。」張晏曰：「子刑卯，卯刑子，相刑之日，故以爲忌。」南方之情惡也，惡行廉貞，寅、午主之。孟康曰：「火性炎猛，無所容受，故爲惡；其氣精專嚴整，故爲廉貞。」西方之情喜也，喜行寬大，巳、酉主之。「金之爲物，喜以利刃加於萬物，故爲喜；利刃所加，無不寬大，故曰寬大也。」二陽並行，是以王者吉午、酉也。《詩》曰：『吉日庚午。』上方之情樂也，樂行姦邪，辰、未主之。「上方謂北與東也，陽氣所萌生，故爲上。辰，窮水也。未，窮木也。翼氏《風角》曰：『木落歸本，水流歸末。』故木利在亥，水利在辰，盛衰各得其所，故樂也。水窮，則無隙不入，木上出，窮則旁行，故爲姦邪。」下方之情哀也，哀行公正，戌、丑主之。「下方謂南與西也，陰氣所萌，故爲下。戌，窮火也。丑，窮金也。翼氏《風角》曰：『金剛火强，各歸其鄉。』故火刑于午，金刑於酉。酉、午，金、火之盛也。盛時而受刑，至窮無所歸，故曰哀也。火性無所私，金性方剛，故曰公正。」辰、未屬陰，戌、丑屬陽，萬物各以其類。」

《五行休王論》《御覽》。曰：「立春：艮王、震相、巽胎、離没、坤死、兑囚、乾廢、坎休。立夏：巽王、離相、坤胎、兑没、乾死、坎囚、艮廢、震休。立秋：坤王、兑相、乾胎、坎没、艮死、震囚、巽廢、離休。立冬：乾王、坎相、艮胎、震没、巽死、離囚、坤廢、兑休。」《唐六典》以王、相、囚、死、胎、没、休、廢爲卦之八氣。

王充《論衡》所載略同。又云：「王之衝死，相之衝囚，王相衝位，有死囚之氣也。」京房王論》之誼正合。

《易占》曰：「夏至離王，景風用事，人君當爵有德，封有功。立秋坤王，涼風用事。」此與《休王論》之誼正合。

《淮南·墬形》曰：「木壯，水老、火生、金囚、土死。火壯，木老、土生、水囚、金死。土壯，火老、金生、木囚、水死。金壯，土老、水生、火囚、木死。水壯，金老、木生、土囚、火死。」

《太玄》曰：「五行用事者王，王所生相，故王廢，勝王囚，王所勝死。」

占驗

《易緯辨終備》曰：魯人商瞿使向齊國，瞿年四十，今後使行遠路，畏慮恐絶無子。夫子正月與瞿母筮，告曰：「後有五丈夫子。」子貢曰：「何以知？」子曰：「卦遇大畜，艮之二世。九二甲寅木爲世，六五景諱丙爲景。子水爲應。世生外象，生象來，爻生互内象，艮別子，應有五子，一子短命。」顔回云：「何以知之？」「内象是本子，一艮變爲二，醜三，陽爻五，於是五，一子短命。」「何以知短命？」「他以故也。」有缺誤。

《繫辭下》曰：「凡《易》之情，近而不相得，則凶，或害之。」《朱子語類》曰：「凶或害之，如《火珠林》占法：凶神動，與世不相關，不能爲害，惟是克世，則爲害。」

《漢書·西域傳》武帝詔曰：「古者卿大夫與謀，參以蓍龜，不吉不行。迺者匈奴縛馬前後足，不詳祥。甚哉！《易》之卦得大過，爻在九五，匈奴困敗。公車方士太史治星望氣，及太卜蓍龜，皆以爲吉，匈奴必破。今計謀卦兆皆反謬。」程舜俞《集筮法》：師春曰：「大過，木兆卦也。外克内，應克世之兆，所以敗也。」

案，大過，震游魂，故云「木兆卦」。五動又成震，初六辛丑土，乃震之財，故云「外克内」。然太過九四，丁亥水也，而受制于辛丑之土。九四立世，初六爲應，故云「應克世」。當時諸臣以漢爲内卦，匈奴爲外卦，故皆云吉，而實反謬也。

干寶《晉紀》曰：「陸抗之克步闡，皓意張大，乃使尚廣筮并天下，遇同人之頤。對曰：『吉，庚子歲，青蓋當入洛陽。』」

案，頤，巽游魂也。六四丙戌主世，初九庚子爲應，震爲木，故云「青蓋」。朱子發曰：「庚子，震初爻也。震，少陽數七。鳳皇元年至天紀四年春三月，吴入晉實七年。」

《南史》曰：「梁大同中，同泰寺災，帝召太史令虞履筮之，遇坤履，曰無害。其繇曰：『西南得朋，東北喪朋，安貞吉。』《文言》曰：『東北喪朋，乃終有慶。』帝曰：『斯魔也。酉應見卯，金來克木，卯爲陰賊，用翼奉語。鬼而帶賊，非魔何也？』」案，坤上六癸酉立世，六三乙卯爲應，故曰「酉應見卯」。

邱説《三國典略》曰：「齊趙翽輔和明《易》善筮，有人父疾，輔和筮之，遇乾之晉，告之以吉。退而謂人曰：『乾爲父，天變魂而昇於天，能無死也。』果如其言。」

梁元帝《金樓子·自敘》曰：「初至荆州，卜雨，聊附見首末。孟秋之月，亢陽日久，月旦雖雨，俄爾便晴。有人曰：『諺云：雨月額，千里赤。蓋旱之徵也。』吾乃端筴拂蓍，遇動不動，既而言曰：『庚子爻爲世於金，七月建申，申、子、辰，又三五合，必在此月。』五日庚子，果值甘雨。余又以十七日筮，於時雲卷金翹，日輝合璧，紅塵暗陌，丹霞映峙，謂亢陽之勢，未霔膏澤。筮遇坎之比，於是輟著而嘆曰：『坎者，水也。子爻爲世，坎上九戊子水。其在今夜三更，❶平地上有水，稱之爲比，其方有甘雨乎？』欣然有自得之志。」宋本《御覽》七百二十八。

後漢司徒魯恭引《易》曰：「有孚盈缶，終來有它吉。」言甘雨滿我之缶，誠來有它而吉已。元帝以比有甘雨，本此。

又曰：「姚文烈善龜卜，謂余曰：『此二十一日將雨，其在虞淵之時。』余乃筮之，遇謙之小過，既言曰：『坤、艮二象，俱在土宫，非直無雨，乃應開霽。』俄而星如玉李，月上金波，霧生猶縠，河帶似帶，余乃欣然。」七百二十八。

---

❶「今」上，原衍「金」字，今據四庫本删。

京氏占風雨寒温

《漢書·天文志》曰：「月爲風雨，日爲寒温。」

王充《論衡》曰：「《易》京氏布六十四卦於一歲中，六日七分，一卦用事。卦有陰陽，氣有升降，陽升則温，陰升則寒，寒温隨卦而至。」

《漢書·京房傳》曰：「房治《易》，事梁人焦延壽。延壽字贛。其説長於災變，分六十四卦，更值日用事，以風雨寒温爲候，各有占驗。房用之尤精。」

《易乾鑿度》曰：「太初者，氣之始。」鄭康成注云：「太初之氣，寒温始生也。」

鄭康成注《易通卦驗》曰：「春三月候卦氣者，泰也，大壯也，夬也，皆九三、上六。朱子發曰：「坎九五、上六泰，震初九、六二大壯，震六三夬。」❶夏三月候卦氣者，乾也，姤也，遯也，皆九三、上九。「震九四、六五乾，震上六、離初九姤，離六二、九三遯。」秋三月候卦氣者，否也，觀也，剥也，皆六三、上九。「離九四、六五否，離上九、兑初九觀，兑九二、六三剥。」冬三月候卦氣者，坤也，復也，臨也，皆六三、上六。」「兑九四、九五坤，兑上六、坎初六復，坎九二、六三臨。」

---

❶「坎九」至「三夬」十七字，四庫本作「坎六四九五泰坎上六震初九大壯震六二六三夬」。

魏《正光曆》曰：「九三應上九，清淨微温，陽風。九三應上六，絳赤絳一作降。決温，陰雨。六三應上六，白濁微寒，陰雨。六三應上九，麴塵決寒，陽風。諸卦上有陽爻者，陽風。上有陰爻者，陰雨。」

《易緯稽覽圖》曰：「有實無貌，詘道人也。有貌無實，佞人也。」康成注曰：「有寒温，無貌濁清静，與淨通。此賢者詘仕于不肖君也。有貌濁清静，無寒温，此佞人以便巧仕於世也。」

孟長卿説《易》本于氣，而後以人事明之。風雨寒温，氣也。道人佞人，以人事明之也。

京房上封事曰：「臣前以六月言遯卦不效，效，見也。法曰：『道人始去，寒，涌水爲災。』至其七月，涌水出。臣弟子姚平謂臣曰：『房可謂知道，未可謂信道也。房言災異，未嘗不中，今涌水已出，道人當逐死，尚復何言？』」

案，遯，六月辟卦也。道人有寒温，無貌濁清静。道人去，佞人來，有貌濁清静，而無寒温，是以辟卦不效，當温反寒，而有涌水之災。

郎顗上《便宜七事》曰：「去年已來，兑卦用事，類多不效。《易傳》曰：『有貌無實，佞人也。有實無貌，道人也。』寒温爲實，清濁爲貌。今三公皆令色足恭，外厲内荏，以虚事上，無佐國之實，故清濁效而寒温不效也。是以陰寒侵犯消息。占曰：『日乘則有妖風，日蒙則有地裂。』如是三年，則致日食，陰侵其陽，漸積所致。立春前後温氣應節者，詔令寬也。其後復寒者，無寬之實也。」

《史記》言絳侯、東陽侯兩人言曾不能出口，此有實無貌者也。嗇夫喋喋，利口捷給，此有貌無實者也。

京房上封事曰：「乃丙戌小雨，丁亥蒙氣去，然少陰并力而乘消息，戊子益甚，到五十分，蒙氣復起。此陛下欲正消息，雜卦之黨并力而争，消息之氣不勝，彊弱安危之機，不可不察。己丑夜有還風，盡辛卯，太陽復侵色，至癸巳，日月相薄，此邪氣同力而太陽爲之疑也。」❶孟康注曰：「諸卦氣以寒温不效，後九十一日爲還風。還風，暴風也。風爲教令，言正令還也。」

《京房易傳》曰：「潛龍勿用，衆逆同志，至德乃潛，厥異風。初九坤之復，坤亂于上，故「衆逆同志」。乾陽隱初，故「至德乃潛」。坤爲土，風屬土，故「厥異風」。其風也，行不解，物不長，雨小而傷。陽息至二體兑，兑爲澤，故「雨小」，爲毁折，故「傷」。政悖德隱，兹爲亂。坤反君道，故爲亂。厥風先風不雨，消息無坎，故「先風不雨」。大風暴起，發屋折木。守義不進，兹爲眊。厥風與雲俱

❶ 「氣」，四庫本作「陰」。

起，折五穀莖。臣易上政，茲謂不順。厥風大焱發屋，賦斂不理，茲謂禍。厥風絶經緯，坎、離爲經，震、兑爲緯，「絶經緯」，四時不正也。止即温，温即蟲。侯專封，侯卦也。茲謂不統。厥風疾而樹不摇，穀不成，辟不思道利，辟卦也。茲謂無澤。厥風不摇木，旱無雲，傷禾，公常於利，三爲三公。茲謂亂。厥風微而温，生蟲蝗，害五穀，弃正作淫，茲謂惑。厥風温，螟蟲起，害有益人之物，侯不朝，侯卦。茲謂叛。厥風無恒，地變赤而殺人。」

郎顗詣闕拜章曰：「今立春之後，火卦用事，當温而寒，違反時節。」

《易緯稽覽圖》曰：「侵消息者，或陰專政，或陰侵陽。」康成注云：「温卦以温侵，寒卦以寒侵。陽者，君也；陰者，臣也。專君政事，亦陰侵陽也。」

《參同契》曰：「君子居室，順陰陽節。藏器俟時，勿違卦月。謹候日辰，審察消息。纖介不正，悔吝爲賊。憂悔吝者存乎介。介，纖介也。二至改度，乖錯委曲。隆冬大暑，盛夏霜雪。二分縱横，不應漏刻。水旱相伐，風雨不節。蝗蟲湧沸，羣異旁出。」皆卦氣悖亂之徵。

郎顗《七事》曰：「今春當旱，夏必有水，以六日七分候之可知。」

樊毅《修華嶽碑》曰：「風雨應卦，瀸潤萬物。」

《東觀漢記》曰：「沛獻王輔善《京氏易》。永平五年，京師少雨，上御雲臺，自卦以《周易林》占之，其繇曰：『蟻封穴户，大雨將一作時。至。』上以問輔，輔上書曰：『蹇，艮下坎上。

艮爲山，坎爲水。山出雲爲雨，蟻穴居，知雨將至，故以蟻爲興。』」《御覽》十卷，又七百二十七卷。

《周易集林·雜一作象。占》曰：「占天雨否。外卦得陰爲雨，得陽不雨。其爻發變，得坎爲雨，得離不雨。巽化爲坎，先風後雨；坎化爲巽，先雨後風。」《御覽》、《初學記》。

《易通卦驗》曰：「乾得坎之蹇，則當夏雨雪。」《御覽》十二卷。

蒙氣

《易·蒙·象》曰：「初筮告，以剛中也。再三瀆，瀆則不告，瀆蒙也。」荀爽曰：「再三，謂三與四也。乘陽不敬，故曰瀆。瀆不能尊陽，蒙氣不除，故曰瀆蒙也。」

《易緯稽覽圖》曰：「日食之比，陰得陽。蒙之比也，比音庇。陰冒陽也。」康成注云：「蒙，氣也。比非一也。邪臣謀覆冒其君，先霧從夜昏起，或從夜半，或平旦，君不覺悟，日中不解，遂成蒙；君復不覺悟，下爲霧也。」

郎顗曰：「《易内傳》曰：『久陰不雨，亂氣也，蒙之比也。蒙者，君臣上下相冒亂也。』」《後漢書》本傳。

京房上封事建昭三年二月朔。曰：「辛酉以來，蒙氣衰去。己卯，臣拜太守。迺辛巳，蒙氣復來卦，太陽侵色，此上大夫覆陽而上意疑也。」

房至陝，復上封事曰：「乃丙戌小雨，丁亥蒙氣去，然少陰并力而乘消息，戊子益甚，到五十分，蒙氣復起。」孟康曰：「分一日爲八十分，分起夜半，是爲戊子之日，日在巳西而蒙也。蒙常以晨夜，今向中而蒙起，是臣黨盛，君不勝也。」

《後漢書》黄瓊上疏順帝曰：「間者以來，卦位錯繆，寒燠相干，蒙氣數興，日闇月散。原之天意，殆不虛然。」

《京房易傳》曰：「有蜺、蒙、霧。霧，上下合也。蒙如塵。臣私禄及親，兹謂罔辟。辟卦，君也。厥異蒙，其蒙先大温，已蒙起，日不見。行善不請于上，兹謂作福。蒙一日五起五解，辟不下謀，臣辟異道，臣指雜卦。兹謂不見。蒙下霧，風三變而俱解，立嗣子疑，慈謂動欲，繼嗣不定。蒙赤日不明，德不序，兹謂不聰。蒙日不明，温而民病。德不試，兹謂主窳臣夭。君惰窳，用人不以次第爲夭。蒙起而白，君樂逸人，兹謂放。蒙日青，黑雲夾日，左右前後過日，公不任職，公卦。兹謂怙禄。蒙三日，又大風，五日，蒙不解，利邪以食，兹謂閉上。蒙大起，白雲如山行蔽日，公懼不道，兹謂蔽一作閉，下同。下。蒙大起，日不見，若雨不雨，至十二日解，兩卦。而有大雲蔽日，禄生於下，兹謂誣君。蒙微而小雨，已乃大雨，下相攘善，兹謂盜明。蒙黄濁，下陳功，求於上，兹謂不知。蒙微而赤，風鳴條，解復蒙。下專刑，兹謂分威。

蒙而日不得明，大臣厭小臣，兹謂蔽。蒙微日不明，若解不解，大風發，赤雲起而蔽日，衆不惡惡，兹謂蔽。蒙尊卦用事，孟康曰：「尊卦，乾坤也。」臣瓚曰：「京房謂之方伯卦，震、兑、坎、离也。」師古曰：「孟説是。」三而起，日不見。漏言亡喜，兹謂下厝。千各反。蒙微日無光，有雨雲，雨不降。廢忠惑佞，兹謂亡。蒙天先清而暴，蒙微而日不明，有逸民，兹謂不明。蒙濁奪日光，公不任職，兹謂不絀。蒙白三辰止，則日青，青而寒，寒必雨，忠臣進善，君不試，兹謂遏。蒙先小雨，雨已蒙起，微而日不明，惑衆在位，兹謂覆國。蒙微而日不明，一温一寒，風揚塵，知佞厚之，兹謂庳。蒙甚而温，君臣故弼，弼相戾也。兹謂悖。厥災風雨霧，風拔木，亂五穀，已而大霧，庶正蔽惡，兹謂生孽災。厥異霧。此皆陰雲之類云。」

世卦起月例

胡一桂《京易起月例》曰：「一世卦，陰主五月，一陰在午也；陽主十一月，一陽在子也。二世卦，陰主六月，二陰在未也；陽主十二月，二陽在丑也。三世卦，陰主七月，三陰在申也；陽主正月，三陽在寅也。四世卦，陰主八月，四陰在酉也；陽主二月，四陽在卯也。五世卦，陰主九月，五陰在戌也；陽主三月，五陽在辰也。八純上世，陰主十月，六陰在亥也；陽主四月，六陽在巳也。遊魂四世，所主與四世卦同，歸魂三世所主與三世同。」

干寶注《蒙・彖》曰：「蒙者，离宮陰也，世在四。八月之時，降陽布德，薺麥並生，陽胎于酉仲。而息來在寅。息，消息。故蒙於世爲八月，於消息爲正月卦也。」四世卦，陰主八月。

又注《比・彖》曰：「比，坤之歸魂也。亦世於七月，而息來在巳，義與師同也。」三世卦，陰主七月。

卦身考

《震》六二：「震來厲。」干寶曰：「六二木爻，震之身也，得位無應，而以乘剛爲危。」

案，震爲木，六二庚寅，亦木也，故曰「震之身」。然則乾之九四壬申金；坎、巽、离之上爻，戊子水，辛卯木，己巳火；兑之九五，丁酉金，皆身也。坤、艮有二身，坤初六乙未，六四癸丑；艮初六丙辰，六四丙戌，皆土也。所未詳也。

《洞林》曰：「義興郡丞叔寶，得傷寒疾，積日危困。令卦得遯之姤，其林曰：『卦象出墓氣家囚，艮爲乾墓，世主丑，故卜時五月申金在囚。變身見絶鬼潛遊。身在丙午，夏入辛亥，在五月。爻墓充刑鬼煞俱，壬戌爲鬼墓，而初六爲戌刑，刑在占，故言充刑，五月白虎在卯，與月煞并也。卜病得此歸嵩丘。誰能救之坤上牛，以下爻見丑爲牛，亥爲子，能扶身克鬼之厭，虎煞上令伏不動。若依子色吉之尤。』」巽主辛丑，丑爲白虎，金色復徵，以和解鬼及虎煞，皆相制也。

案，丙午，世也。注云：「身在丙午，夏是以世爲身也。辛亥，子也，丙午變從之，午本鬼也，變以扶身，可以伏鬼。」

《洞林》曰：「揚州從事慎曜伯婦病，其兄周産武令吾作卦，得蹇。身在戊土，與坎鬼并，卦中當有從東北田家市黑狗，畜之，以代人任患。」《御覽》九百六。郭《洞林》又以世爲身。詳本書。

案，蹇，兑宫陰也，世在四。戊土，謂九五戊戌土。此世在四者，以五爲身，與干寶異。坎鬼者，六二丙午火，兑之鬼吏，又互坎，故云「與坎鬼并」。云「東北田家市黑狗，畜之，以代人任患」者，艮，東北之卦，蹇從觀來，觀坤爲田，二爲家，觀巽爲近市，坤爲黑，艮爲狗，故云「東北田家市黑狗」；身在戊土，戌亦狗也，故云「畜之，以代人任患」。景純之説，猶是漢學。

以錢代蓍

《儀禮·士冠禮》曰：「筮與席所卦者。」鄭注云：「所卦者，所以畫地記爻。《易》曰：『六畫而成卦。』」賈疏曰：「筮法：依七、八、九、六之爻而記之，但古用木畫地，今則用錢。古謂三代，今謂漢以後。以三少爲重錢，重錢則九也；三多爲交錢，交錢則六也；兩多一少爲單錢，單錢則七也；兩少一多爲拆錢，拆錢則八也。案，《少牢》曰：『卦者在左坐，卦以木。』故知古者畫卦以木也。」

《唐六典》曰：「凡易之策，四十有九。」注云：「用四十九算，分而揲之，其變有四，一曰單爻，二曰拆爻，三曰交爻，四曰重爻，凡十八變而成卦。」

案，此則揲蓍亦用交單重拆之說。

胡一桂《筮法變卦說》：「平菴項氏曰：『以《京易》考之，世所傳《火珠林》者，即其法也。以三錢擲之，兩背一面爲拆，即兩少一多少陰爻也；兩面一背爲單，即兩多一少少陽爻也；俱面爲交，交者，拆之聚，即三多，老陰爻也。俱背爲重，重者，單之積，即三少，老陽爻也。蓋以錢代蓍，一錢當一揲，此後人務徑截以趨卜肆之便，而本意尚可考。』」

唐于鵠《江南曲》曰：「衆中不敢分明語，暗擲金錢卜遠人。」

《朱子語類》六十六卷。曰：「今人以三錢當揲蓍，此是以納甲附六爻。納甲乃漢焦贛、京房之學。」

又云：「南軒家有真蓍云，破宿州時得之。」又曰：南軒語。「卜《易》卦以錢。以甲子起卦，始於京房。」

火珠林

張行成《元包數總義》曰：「揚子雲《太玄》，其法本於《易緯卦氣圖》。衛先生《元包》，其法合於《火珠林》。《卦氣圖》之用，出於孟喜《章句》。《火珠林》之用，祖於京房。」

又云：「《火珠林》以八卦爲主，四陰對四陽，所謂『天地定位，山澤通氣，雷風相薄，水火不相射』。其於《繫辭》，則《說卦》之義也。」

《朱子語類》曰：「魯可幾曰：『古之卜筮，恐不如今日所謂《火珠林》之類否？』曰：『以某觀之，恐亦自有這法。如《左氏》所載，則支干納音配合之意，似亦不廢。如云得屯之比，既不用屯之辭，亦不用比之辭，卻自別推一法，恐亦不廢道理也。』」

又曰：「《火珠林》猶是漢人遺法。」

又曰：七十七卷。「伊川說，未濟，男之窮，爲三陽失位，以爲斯義得之成都隱者。見張欽夫說，伊川之在涪也，方讀《易》，有箍桶人以此問伊川，伊川不能答，其人云：『三陽失位。』《火珠林》上已有，伊川不曾雜書，所以被他說動了。」

又曰：六十六卷。「《易》中言『帝乙歸妹』、『箕子明夷』、『高宗伐鬼方』之類，疑皆當時帝乙、高宗、箕子曾占得此爻，故後人因而記之，而聖人以入爻也。如《漢書》『大橫庚庚，余爲天王，夏啟以光』，亦是啟曾占得此爻也。《火珠林》亦如此。」

陳振孫《書目題解》曰：「今賣卦者，擲錢占卦，盡用此書。」

季本曰：「《火珠林》者，出於京房，而爲此書者，不知何人。」

《困學記聞》曰：「納甲之法，朱文公謂今所傳京房占法，見於《火珠林》，是其遺説。」

易漢學卷六

東吳徵士惠棟學

鄭氏周易爻辰圖

十二月爻辰圖

《周易乾鑿度》曰：「乾，陽也；坤，陰也，並如而交錯行。乾貞於十一月子，左行，陽時六；康成注云：「貞，正也。初爻以此爲正，次爻左右者，各從次數之。」坤貞於六月未，乾坤，陰陽之主，陰退一辰，故貞於未。右行，陰時六，以順成其歲。歲終從於屯、蒙。」歲終則從其次，屯、蒙、需、訟也。

又云：「陰卦與陽卦同位者，退一辰，以未爲貞，其爻右行，間時而治六辰。」陰陽同位，陰退一辰，謂左右交錯相避。

棟案，《乾鑿度》之説，與《十二律相生圖》合。鄭于《周禮・太師》注云：「黄鐘，初九也。下生林鐘之初六，林鐘又上生太蔟之九二，太蔟又下生南吕之六二，南吕又上生姑洗之九三，姑洗又下生應鐘之六三，應鐘又上生蕤賓之九四，蕤賓又上生大吕之六四，大吕又下生夷則之九五，夷則又上生夾鐘之六五，夾鐘又下生無射之上九，無射又上生中吕之上六。」韋昭注《周語》云：「十一月黄鐘，乾初九也；十二月大吕，坤六四也；正月太蔟，乾九二也；二月夾鐘，坤六五也；三月姑洗，乾九三也；四月中吕，坤上六也；五月蕤賓，乾九四也；六月林鐘，坤初六也；七月夷則，乾九五也；八月南吕，坤六二也；九月無射，乾上九也；十月應鐘，坤六三也。」鄭氏注《易》，陸績注《太玄》，皆同前説。是以何妥《文言》注，以初九當十一月，九二當正月，九三當三月，九四當五月，九五當七月，上九當九月也。宋儒朱子發作《十二律圖》，六二在巳，六三在卯，六五在亥，上六在酉，是坤貞于未而左行，其誤甚矣。今作圖以正之，並附鄭氏《易》說于後。

爻辰所值二十八宿圖

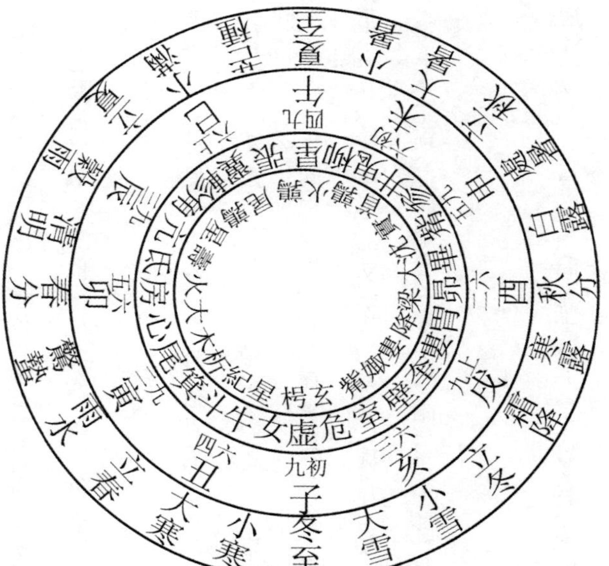

右圖，朱子發云：「子、寅、辰、午、申、戌，陽也，乾之六位。未、巳、卯、丑、亥、酉，此亦誤，當云未、酉、亥、丑、卯、巳，所謂右行陰時六也。陰也，坤之六位。位之升降，不違其時，故曰『大明終始，六位時成』。」

棟案，康成注《月令》云：「正月宿直尾、箕，八月宿直昴、畢，六月宿直鬼，又云六月宿直東井。九月宿直奎，十月宿直營室。」又云：「卯宿直房、心，二月。申宿直參、伐。」七月。又注季冬云：「此月之中，日歷虛、危。」《參同契》曰：「青龍處房六兮，春花震東卯。白虎在昴七兮，秋芒兑西酉。朱雀在張二兮，離南午。」又云：「含元虛危，播精於子。」皆與圖合。若以日所歷言之，則右行而周二十八舍。《明堂月令》所謂「孟春之月，日在營室」是也。與此不同。

鄭氏易

康成以爻辰説《易》，其書已亡，間見于唐人《正義》者，采以備考。

《坤・文言》曰：「陰疑於陽必戰，爲其慊於陽王弼俗本「陽」上有「无」字。也。」注云：「慊讀如『羣公溓』之溓，古書篆作立心，與水相近，讀者失之，故作慊。《詩正義》所引有訛字，今改正。

溓，雜也。字書無訓溓爲雜者，古訓之亡來久矣。❶陰謂此上六也，陽謂今消息用事，乾也。上六爲蛇，上六在巳。得乾氣雜似龍。」《詩正義》。《繫辭》曰：「觀鳥獸之文。」陸績曰：「謂朱鳥、白虎、蒼龍、玄武四方二十八宿經緯之文。」

《比》初六：「有孚盈缶。」注云：「爻辰在未，上值東井。井之水，人所汲用。缶，汲器。」《詩正義》。《春秋元命包》曰：「東井八星主水衡。」

《泰》六五：「帝乙歸妹，以祉元吉。」注云：「五，爻辰在卯，春爲陽中，萬物以生。生育者，嫁娶之實；❷仲春之月，嫁娶男女之禮，福禄大吉。」《周禮疏》。

《蠱》上九：「不事王侯，高尚其事。」注云：「上九艮爻，艮爲山，辰在戌，得乾氣，父老之象，是臣之致事，故『不事王侯』。是不得事君，君猶高尚其所爲之事。」《禮記正義》。

《賁》六四：「白馬翰如。」注云：「謂九三位在辰，得巽氣爲白馬。六四，巽爻也。翰猶幹也。見六四適初未定，欲幹而有之。」《禮記正義》。

《大過》注云：「大過者，巽下兑上之卦。初六在巽體，巽爲木；上六位在巳，巳當巽位，巽爻爲木。二木在外，以夾四陽，四陽互體爲二乾，乾爲君，爲父，二木夾君父，是棺槨之

❶「來」上，四庫本有「其」字。

❷「實」，原缺，今據四庫本補。《四部叢刊》影印元本《周易鄭康成注》作「貴」。

象。」《禮記正義》。

《坎》六四：「尊酒簋，貳用缶，納約自牖。」注云：「六四上承九五，又互體在震上。爻辰在丑，丑上值斗，可以斟之象。斗上有建星，建星六星在南斗北。賈逵曰：「古黃帝、夏、殷、周、魯曆，冬至日在建星，建星即今斗星也。」康成注《月令》云：「建星在斗上。」建星之形似簋。貳，副也。建星上有弁星，《石氏星經》謂之天弁，在建近河。弁星之形又如缶。天子大臣以王命出會諸侯，主國尊于簋副，設玄酒而用缶也。」《詩·宛丘》正義。

《坎》上六：「繫用徽纆。」注云：「繫，拘也。爻辰在巳，巳爲虵，虵蟠屈似徽纆也。」《公羊疏》。

《離》九三：「不鼓缶而歌。」注云：「艮爻也。位近丑，丑上值弁星，弁星似缶。《詩》云：『坎其擊缶。』則樂器亦有缶。」《詩正義》。

案，❶位近丑，據《周天玉衡圖》也。丑爲大寒，艮爲立春，故云近也。

《明夷》六二：「明夷睇于左股。」注云：「旁視爲睇。六二辰在酉，酉在西方；又下體離，離爲目。九三體在震，震東方。九三又在辰，辰得巽氣爲股。亦據《周天玉衡圖》，巽近辰也。

❶「案位」至「近也」二十三字，四庫本作「案離九四午也艮六四丑也故云位近丑」。

此謂六二有明德，欲承九三，故云『睇于左股』。」《禮記正義》。

《困》九二：「困于酒食，朱紱方來，利用亨祀。」注云：「二據初，辰在未，未爲土，此二爲大夫，有地之象。未上值天厨，酒食象。案，未上值柳，柳爲朱鳥喙，天之厨宰，主尚食，和滋味。困于酒食者，采地薄，不足已用也。二與日爲體離，爲鎮霍，爻四爲諸侯，有明德受命當王者。離爲火，火色赤。四爻九四。辰在午，時離氣赤又朱也。文王將王，天子制朱紱。」《儀禮疏》。

案，鄭此注本《乾鑿度》。

《中孚》云：「中孚，豚魚吉。」注云：「三辰爲亥，爲豕。爻失正，故變而從小名言豚耳。四辰在丑，丑爲鼈蟹。鄭注《月令》云：「丑爲鼈蟹。」《正義》云：「案，陰陽式法，丑爲鼈蟹。」鼈蟹，魚之微者。爻得正，故變而從大名言魚耳。三體兑，兑爲澤。四上值天淵，丑上值斗，天淵十星在天鼈東。一曰大海。主灌溉溝渠之事。天鼈在斗東。二五皆坎爻，坎爲水，水浸澤，則豚利，五亦以水灌淵，則魚利。豚魚，以喻小民也。而爲明君賢臣恩意所供養，故吉。」《詩正義》。

《説卦》：「震爲大塗。」注云：「國中三道曰塗。震上值房、心，塗而大者，取房有三塗焉。」朱《漢上易》。

案，震在卯，卯上值房、心。

乾鑿度鄭氏注。

孔子曰：「復，表日角。」注云：「表者，人體之章識也。名復者，初震爻也。震之體在卯，日於出陽，❶又初應在六四，於辰在丑，爲牛，牛有角，復，人表象。」

王充《論衡》曰：「寅，木也，其禽虎也。戌，土也，其禽犬也。丑、未亦土也，丑禽牛，未禽羊也。木勝土，故犬與牛羊爲虎所服也。亥，水也，其禽豕也。巳，火也，其禽虵也。子，亦水也，其禽鼠也。午，亦火也，其禽馬也。水勝火，故豕食虵。火爲水所害，故馬食鼠屎而腹脹。」

又云：「酉，雞也。卯，兔也。申，猴也。東方木也，其星蒼龍也。西方金，其星白虎也。南方火也，其星朱鳥也。北方水也，其星玄武也。天有四星之精，降生四獸之體，以四獸驗之，以十二辰之禽效之。」

《九家易》注《說卦》曰：「犬近奎星，蓋戌宿直奎也。」

王伯厚曰：「吉日庚午，既差我馬，午爲馬之證也；季冬出土牛，丑爲牛之證也。《說

---

❶「於」，四庫本作「初」。

文》亦謂巳爲虵，象形。」

「夬，表升骨履文。」注云：「名夬者，五立於辰，據消息也，爻辰在申。在斗魁所指者。三月斗建辰。又五於人體當艮卦，艮爲人。於夬亦手，體成艮爲手。其四，則震爻也，爲足。其三猶艮爻於十，❶十次值本於析，七曜之行起焉。七者屬文，北斗在骨，足履文，夬人之表象明也。」

「剥，表重童古瞳字。明曆元。」注云：「名剥者，五色也。❷五離爻，離爲日。童子□□。❸六五於辰又在卯，卯酉屬也。剥離人表童焉。」

易正義

《乾》九二：「見龍在田。」《正義》曰：「先儒以爲九二當太蔟之月，陽氣見地，一作「發見」。則九三爲建辰之月，九四爲建午之月，九五爲建申之月，爲陰氣始殺，不宜稱『飛龍在天』。上九爲建戌之月，羣陰既盛，上九不得言『與時偕極』。於此時陽氣僅存，何極之有？先

---

❶ 「於十十次值本於析」八字，原缺，今據《清武英殿聚珍版叢書》本《易緯乾鑿度》補。

❷ 「色」，原缺，今據《易緯乾鑿度》補。

❸ 「童子□□」，《易緯乾鑿度》作「童目子」。

儒此説，於理稍乖。此乾之陽氣漸生，似聖人漸出，宜據十一月之至，建巳之月已來。此九二當據建丑、建寅之間，於時地之萌芽初有出者，即是陽氣發見之義。乾卦之象，其應然也。」

所云先儒者，謂康成、何妥諸人也。王輔嗣解《易》不用爻辰，孔氏《正義》黜鄭存王，故有是説。

《文言》曰：「終日乾乾，與時偕行。」《正義》曰：「先儒以爲建辰之月，萬物生長，不有止息，與天時而俱行。若以消息言之，是建寅之月，三陽用事，三當生物之初，生物不息。同於天時，故言『與時偕行』。」

附否泰所貞之辰異於他卦圖

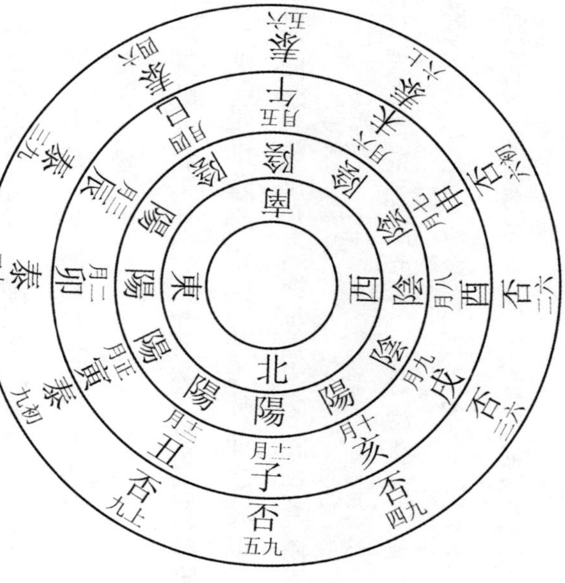

《乾鑿度》曰：「泰、否之卦，獨各貞其辰，其共北辰，左行相隨也。」康成云：「言不用卦次，泰當貞於戌，否當貞於亥。戌，乾體所在；乾上九。亥，又乾消息之月。荀爽曰：「消、息之位，坤在於亥，下有伏乾。」干寶曰：「戌、亥，乾之都也。」京房曰：「戌、亥，乾本位。」《詩緯》亦以乾爲天門，在亥也。泰、否、乾、坤，體氣相亂，故避而各貞其辰。謂泰貞於正月，否貞於七月。六爻者，泰得否之乾，否得泰之坤。」之乾、之坤，謂泰變乾、否變坤也。

又云：「北辰共者，否貞申右行，則三陰在西，三陽在北。泰貞寅右行，則三陽在東，三陰在南。此坤卦「西南得朋，東北喪朋」之一説。是則陰陽相比，共復乾坤之體也。」否九四在亥，至泰九三而乾體備；泰六四在巳，至否六三而坤體全。乾位在亥，坤位在未，今在巳者，陰實始于巳，不敢敵陽，故立於正形之位。

案，鄭于主歲卦注云：「北辰左行，謂泰從正月至六月，此月陽爻；否從七月至十二月，此月陰爻，否、泰各自相隨。」此説與圖不合，故鄭于卷末言：「否、泰不比及月，先師不改，故亦不改也。」朱子發卦圖合鄭前後注而一之，學者幾不能辨。余特爲改正，一目了然矣。

易漢學卷七

東吴徵士惠棟學

荀慈明易

乾升坤降

荀慈明論《易》，以陽在二者，當上升坤五爲君；陰在五者，當降居乾二爲臣。蓋乾升坤爲坎，坤降乾爲離，成既濟定，則六爻得位，《繫詞》所謂「上下无常，剛柔相易」，《乾·彖》所謂「各正性命，保合太和，利貞」之道也。坎爲性，离爲命，二者乾、坤之遊魂也。乾、坤變化，坎、离不動，各能還其本體，是各正之義也。此説得之京房。《左傳》史墨論魯昭公之失民、季氏之得民云：「在《易》卦，雷乘乾曰大壯，天之道。」言九二之大夫當升五爲君也。慈明之説合于古之占法，故仲翔注《易》亦與之同。王弼泰六四注云：「乾樂上復，坤樂下復。」此亦升降之義，而弼不言升降。

《文言》曰：「《易》曰『見龍在田，利見大人』，君德也。」仲翔曰：「陽始觸陰，當升五爲君，時舍於二，宜利天下。」

又曰：「水流濕，火就燥。」慈明曰：「陽動之坤而爲坎，坤者純陰，故曰『濕』。陰動之乾而成離，乾者純陽，故曰『燥』。」

又曰：「本乎天者親上，本乎地者親下。」慈明曰：「謂乾九二，本出於乾，故曰『本乎天』。而居坤五，故曰『親上』。坤六五本出於坤，故曰『本乎地』。降乾居二，故曰『親下』也。」

又曰：「雲行雨施，天下平也。」慈明曰：「乾升於坤曰『雲行』，坤降於乾曰『雨施』。乾、坤二卦，成兩既濟，陰陽和均，而得其正，故曰『天下平』。」慈明注「時乘六龍以御天」云：「御者，行也。陽升陰降，天道行也。」

又曰：「與天地合其德。」慈明曰：「與天合德，謂居五也；與地合德，謂居二也。」「與日月合其明。」慈明曰：「謂坤五之乾二成離，離爲日。乾二之坤五爲坎，坎爲月。」

《坤·象》曰：「含弘光大，品物咸亨。」慈明曰：「乾二居坤五爲『含』，坤五居乾二爲『弘』，坤初居乾四爲『光』，乾四居坤初爲『大』。乾上居坤三亦爲含，故六三「含章可貞」。坤三居乾上亦成兩既濟也。天地交，萬物生，故『咸亨』。」

《師·象》曰：「能以衆正，可以王矣。」慈明曰：「謂二有中和之德，而據羣陰，上居五位，可以王也。」

六四：「師左次，无咎。」慈明曰：「左謂二也，陽稱左。次，舍也。二與四同功，四承五，五无陽，故呼二舍於五，四得承之，故无咎。」

上六：「大君有命開國承家。」承，讀如《墨子》引《書》「承以大夫師長」之「承」。慈明曰：「『大君』謂二。師旅已息，既上居五，當封賞有功，立國命家也。」宋衷曰：「陽當之五，處坤之中，故曰『開國』。陰下之二，在二承五，故曰『承家』。」

《泰》九二：「朋亡，得尚于中行。」慈明曰：「朋謂坤，朋亡而下，則二得上居五，而行中和矣。」

《臨》九二《象》曰：「咸臨，吉无不利，未順命也。」慈明曰：「陽感至二，當升居五，羣陰相承，故『无不利』也。陽當居五，陰當順從，今尚在二，故曰『未順命也』。」

《升·彖》曰：「巽而順，剛中而應，是以大亨。用見大人，勿恤，有慶也。」慈明曰：「謂二以剛居中，而來應五，故能『大亨』。上居尊位也。大人，天子，謂升居五，見爲大人。羣陰有主，无所復憂，而『有慶』也。」

九二《象》曰：「九二之孚，有喜也。」仲翔曰：「升五得位，故『有喜』。」

六五《象》曰：「貞吉升階，大得志也。」慈明曰：「陰正居中，爲陽作階，使居五，已下降二，與陽相應，故吉而得志。」

《繫辭上》曰：「天下之理得，而易成位乎其中矣。」慈明曰：「陽位成於五，陰位成於二。五爲上中，二爲下中，故曰『成位乎其中』也。」

易尚時中說

易道深矣，一言以蔽之，曰「時中」。孔子作《彖傳》，言時者二十四卦，乾、蒙、大有、豫、隨、觀、賁、頤、大過、坎、恒、遯、睽、蹇、解、損、益、姤、革、艮、豐、旅、節、小過。言中者三十五卦，蒙、需、訟、師、比、小畜、履、同人、大有、臨、觀、噬嗑、无妄、大過、坎、離、睽、蹇、解、益、姤、萃、升、困、井、鼎、漸、旅、巽、兑、涣、節、中孚、小過、既濟、未濟。《象傳》言時者六卦，坤、蹇初六、井、革大象、節、既濟。言中者三十八卦，坤、需二五、訟、師二五、比、小畜、履、泰、同人、大有、謙、豫二五、隨、蠱、臨、復、大畜、坎二五、離、恒、大壯、晉、蹇、解、損、夬二五、姤、萃、困二五、井、鼎、震、艮、歸妹、巽二五、節、中孚、既濟、未濟。其言時也，有所謂時者，待時者，時行者，時成者，時變者，時用者，時義、時發、時舍、時極者。其言中也，有所謂中者，中正者，正中者，大中者，中道者，中行者，行中者，剛中、柔中者。而《蒙》之《彖》，則又合時中而命之。蓋時者，舉一卦所取之義而言之也；中者，舉一爻所適之位而言之也。時無定而位有定，故《象》多言中少言時。乾九二言「時舍」，坤六三言「時發」，一見《文言》，一見《象傳》。蓋乾坤消息之卦，三二皆失位，二當升坤五，三以時發，故皆言時。然六位又謂之六虚，唯爻適變，則爻之中亦無定也。位之中者，惟二與五，漢儒謂之中和。揚子《法言》曰：「立政鼓衆，莫尚于中和。」又云：「甄陶天下，其在和乎。龍之潛亢，不獲其中矣。是以過則惕，不及中則躍，其近於中乎。」注云：「二五得中，故有利見之占。」《太玄》曰：「中和莫尚于五。」故《彖傳》凡言中者，皆指二五。二尚柔中，五尚剛中，五柔二剛，亦得无咎。二與四同功，而二多譽；三與五同功，而五多功，以其中也。爻辭于泰之六二、夬之九五，皆以中行言之，而益之三四、復之六四，亦稱中行。先儒謂一卦之中，非也。乾之三、四，《文言》謂之不中，獨非一卦之中乎？竊謂益之「中行」，皆指九五，所謂「告公用圭」、「告公從」者，五告之也。古者君命臣、上命下，皆謂之告。三者，五所信也，故曰「有孚」。四者，五所比也，故曰「利用爲依遷國」。三爲三公，四爲諸侯，故或稱國，或稱公。《復》六四：「中行獨復。」《象》曰：「中行獨復，以從道也。」四得位應初，獨得所復。四非中而稱中行者，以從道也，其時中之義歟？愚謂孔子晚而好《易》，讀之韋編三絶，而爲之傳，蓋深有味于六十四卦三百八十四爻時中之義，故于《彖傳》、《象傳》言之重、詞之復。子思作《中庸》，述孔子之意，而曰：「君子而時中。」《孟子》亦曰：「孔子，聖之時。」夫執中之訓肇于中天，時中之義明于孔子，乃堯、舜以來相傳之心法也。據《論語·堯曰》章。其在《豐·彖》曰：「天地盈虛，與時消息。」在剥曰：「君子尚消息盈虛，天行也。」《文言》曰：「知進退存亡而不失其正者，其惟聖人乎！」皆時中之義也。知時中之義，其于《易》也，思過半矣。

九家逸象

陸氏《釋文》曰：「《説卦》，荀爽《九家集解》本乾後更有四：爲龍，項安世曰：「震之健也。」爲直，項曰：「巽之躁也。」爲衣，項曰：「乾爲衣，上服也；坤爲裳，下服也。」爲言。項曰：「兑之決也。震之龍，巽之繩，兑之口，皆以乾爻故也。」坤後有八：爲牝，爲迷，爲方，皆據《坤·彖》及《文言》。爲囊，爲裳，爲黄，皆據爻辭。爲帛，杜預注《左傳》曰：「坤爲布帛。」朱震曰：「帛，當在布之下。」項曰：「乾爲蠶精而出於震，至巽、離而有絲，至坤而成帛也。」案，八音離爲絲。爲漿。項曰：「酒主陽，漿主陰，故坤爲漿，坎、震爲酒，皆乾之陽也。」震後有三：爲王，項曰：「爲王者，帝出乎震。」爲鵠，吴澄本作「鴻」。爲鼓。項曰：「鵠，古鶴字。爲鵠，爲鼓，皆聲之遠聞者也，與雷同。鵠色正白，與畢的同。」《考工記》曰：「凡冒鼓，必以啟蟄之日。」鄭注云：「蟄蟲始聞雷聲而動，鼓所取象。」《太玄》曰：「三八爲木，爲東方，爲春，類爲鼓。」注云：「如雷聲也。」巽後有二：爲楊，朱震、項安世皆作「揚」，讀爲「稱揚」之「揚」，非也。巽爲木，故爲楊。《大過》「枯楊生梯」，仲翔曰：「巽爲楊。」不從手也。爲鸛。項曰：「鸛，水鳥能知風雨者。」朱曰：

「震爲鶴，鶴，陽禽也；巽爲鸛，鸛，陰禽也。」坎後有八：爲宮，朱以爲「宮商」之「宮」。項曰：「宮與穴同象，皆外圍土而内居人，陷也，隱伏也，陽在中也。」爲律，《釋言》曰：「坎，律銓也。」樊光曰：「坎卦水，水性平，律亦平，銓亦平也。坎爲水，故古刑灋、議讞之字皆從水。」又爲律，《師》初六曰：「師出以律。」爲可，可當爲河。坎爲大川，故爲河。逸象出老屋，河字摩滅之餘，故爲可也。或云當爲坷。《説文》曰：「坷，坎坷也。」古文省作「可」，亦通。朱子發解「可」字多曲説，不可從。石鼓文「何」作「可」，與此「河」爲「可」，皆古文省。爲棟，項本作棟，云：「當作棟。棟在屋中，有陽之象焉，故爲棟。」爲叢棘，仲翔引作「蘗棘」。朱云：「叢棘，獄也。」爲狐，《子夏傳》曰：「坎爲小狐。」干寶亦云。爲蒺藜，困坎爲蒺藜。爲桎梏。項曰：「皆物之險而能陷者也。」離後有一：爲牝牛。見本卦。《春秋傳》曰：「純離爲牛。」艮後有三：爲鼻，管寧曰：「鼻者，艮，天中之山。」裴松之案：「相書謂鼻之以名爲天中，鼻有山象，故曰天中之山也。」爲虎，吴澄曰：「履彖六三、九四，頤六四，革九五，履、革皆無艮，艮不象虎也。」項曰：「艮主寅。虎，寅獸。」案，艮之上九丙寅，故項依以爲説。京房以坤爲虎刑，陸績以兑之陽爻稱虎。先儒解《易》，皆取二象，不聞艮爲虎也，「虎」當爲「膚」字之誤也。仲翔注《易》云：「艮爲膚。」是也。爲狐。吴澄本作「豹」，非也。《左傳》秦伐晉，卜徒父筮之，其卦遇蠱，曰：「獲其雄狐。」蠱艮爲狐。項曰：「坎爲狐，取其心之險也；艮爲狐，取其喙之黔也。」兑後有二：爲常，《九家注》曰：「常，西方之神也。」朱以爲當屬坤，項以爲當作商，皆臆説。爲輔頰。」見咸卦。朱子發曰：「秦漢之際，《易》亡《説卦》。孝宣帝時，河内女子發老屋，得《説卦》、古文《老子》。至後漢荀爽《集解》，又得八卦逸象三十有一。《九家易》，魏晉以後人所撰，其説以荀爽爲宗，朱氏遂謂爽所集，失之。今考之六十四卦，其説若印圈鑰，非後儒所增也。」

荀氏學

荀悦《漢紀》曰：「孝桓帝時，故南郡太守馬融著《易解》，頗生異説。及臣悦叔父故司空爽著《易傳》，據爻象承應陰陽變化之義，以十篇之文解説經意。由是兖、豫之言《易》者，咸傳荀氏學。」

易漢學卷八

東吴徵士惠棟學

辨河圖洛書

宋姚小彭氏曰：「今所傳戴九履一之圖，乃《易乾鑿度》九宫之法。其説詳鄭注。自有《易》以來，諸《易》師未有以此爲《河圖》者。《後漢》：「劉瑜上書曰：《河圖》授嗣，正在九房。」九房，疑即太乙所行之九宫。蓋讖緯家以爲《河圖》，桓譚、張衡所痛斥爲非者也。至本朝劉牧以此爲《河圖》，而又以生數就成數，依五方圖之，以爲《洛書》。又世所傳關子明《洞極經》，亦言《河圖》、《洛書》，如劉氏説而兩易之，以五方者爲《圖》，九宫者爲《書》。案，唐李鼎祚《易解》盡備前世諸儒之説，獨無所謂關氏者。至本朝阮逸始僞作《洞極經》，見后山陳氏《談叢》之書，則關氏亦不足爲證矣。」《朱子語類》亦云：「關子明《易》，阮逸作，《陳无已集》中説得分明。」雷思齊又謂：「楊次公撰《洞極經》，託名於關子明。」要皆後人假託也。

棟案，九宫之法，一、二、三、四、五、六、七、八、九，一北、九南、三東、七西、四東南、六西北、二西南、八東北、五居中，方位與《説卦》同，《乾鑿度》所謂「四正四維，皆合于十五」是也。以五乘十，即大衍之數，故劉牧謂之《河圖》。阮逸撰《洞極經》以此爲《洛書》，而取楊子雲「一、六相守，二、七爲朋」之説，以爲《河圖》。鄭康成注「大衍之數」云：「天一生水于北，地二生火于南，天三生木于東，地四生金于西，天五生土于中，陽無偶，陰無妃，未得相成。地六成水于北，與天一并；天七成火于南，與地二并；地八成木于東，與天三并；天九成金于西，與地四并；地十成土于中，與天五并。」虞仲翔注亦云：「一、六合水，二、七合火，三、八合木，四、九合金，五、十合土。」其説皆與《河圖》合。然康成、仲翔未嘗指此爲《河圖》，則造此圖以爲伏羲時所出者，妄也。仲翔謂八卦乃四象所生，非庖犧所造也。桓譚《新論》曰：「《河圖》、《洛書》，但有兆朕，而不可知。」《緑圖》曰：「亡秦者胡也。」其説始于秦漢時，《河》、《洛》八十一篇皆託之孔子，故君山辨之。乃知漢以來，並未有圖、書之象。夫子曰：「河不出圖。」餘姚黄宗羲以《河圖》爲九邱之類，圖出于河，爲聖人有天下之徵。楝案，《水經注》載《春秋命曆序》曰：「《河圖》，帝王之階，圖載江河、山川、州界之分野。」黎洲據此以爲九丘之類也，詳《象數考》。東序《河圖》，後人安得見之？雖先儒皆信其説，吾不敢附和也。

辨先天後天

半農人《易説》曰：「道家創爲《先天後天圖》，《朱子語類》曰：「《先天圖》次第是方士輩所相傳授底。」棟案，伏羲四圖皆出于邵氏，邵氏之學本之廬山老浮圖，見謝上蔡《傳易堂記序》。以先天爲伏羲卦，後天爲文王卦，妄也。即以乾、坤二卦言之，乾爲寒，爲冰，南非寒冰之地，曷爲而移在南？坤爲土，王四季，在中央。西南者，中央土也，曷爲而移之北乎？且『天地定位』，定位者，天尊地卑而乾坤定，卑高以陳而貴賤位也。如道家言先天乾在南，後天在西北，先天坤在北，後天在西南，是天地無定位矣。又北極在上，南極在下，乾南坤北，是天在下，地在上也。謂之定位可乎？以此知道家之説妄也。《莊子》曰：『至陰肅肅，至陽赫赫。肅肅出乎天，赫赫發乎地。兩者交通成和，而物生焉。』乾位西北，故至陰出乎天；坤位西南，故至陽發乎地。《周禮》亦云『天産作陰德，地産作陽德』者，以此。道家之老莊，猶儒家之孔孟。乾南坤北，其説不合乎老莊，必出于後世道家之説。故未聞乎古，至宋而後盛行焉。以後世道家之説，託爲伏羲，而加之文王、周公、孔子之上，學者不鳴鼓而攻，必非聖人之徒也。」

棟案，宋人所造《納甲圖》，與《先天》相似，蔡季通遂謂《先天圖》與《參同契》合。殊不知納甲之法，乾、坤列東，艮、兑列南，震、巽列西，坎、離在中，詳虞仲翔《易》注。別無所謂乾南坤北、離東坎西者。道家所載乾坤方位，亦與先天同，而以合之《參同契》，是不知《易》，并不知有《參同》者也。蓋後世道家，亦非漢時之舊，漢學之亡，不獨經術矣。

又曰：「聖人作八卦，所以奉天時。道家創爲先天之學，而作先天八卦位，託之伏羲，誕之甚，妄之甚。所爲先天者，兩儀未判，四象未形，八卦何從生？天地定位，乾坤始作，六子乃索，八卦相錯，陰陽交感，山澤氣通，水火雷風，各建其功，明明後天，安得指是爲先天哉？然則卦無先天乎？曰：有。一卦各有一太極，聖人以此先古文作先，俗作洗。心，退藏於密，所謂先天而天弗違也。學者不知來，觀諸往；不知先，觀諸後，知後天則知先天矣。捨後天而別造先天之位，以周、孔爲不足學，而更問庖犧。甚矣！異端之爲害也，不可以不闢。」閻若璩《潛丘劄記》引吴鸞《他石録外編·儒辨》第二十五論先天八卦之非。又云：「《本義》之混濫者多矣，以『天地定位章』爲第一。」

干寶注《周禮》曰：「伏羲之易小成爲先天，神農之易中成爲中天，黄帝之易大成爲後天。小成謂八卦也，中成謂重卦，大成謂備物制用也。」

辨兩儀四象

半農人《易説》曰：「易有太極，是生兩儀。兩儀生四象，四象生八卦。」兩儀，天地也。

四象，四時也。四時有四正，有四維：震春、離夏、兑秋、坎冬爲四正，巽東南、坤西南、乾西北、艮東北爲四維。此四正四維，以時言之爲四時，以象言之爲四象，而八卦出于其中。不曰卦而曰象者，八卦以象告也。陰、陽、太、少，可謂之儀，不可謂之象。宋儒遂以四象當之，誤矣。太、少在陰、陽之中，有陰、陽即有太、少，非先有陰、陽，後有太、少也。若云始爲一畫以分陰、陽，次爲二畫以分太、少，是陰、陽生太、少，有是理乎。謂陰、陽分太、少可，謂陰、陽生太、少不可。《易》言生不言分。父生子、子生孫可謂之生，不可謂之分。邵子割裂太極，穿鑿陰陽，一分爲二，二分爲四，四分爲八，所謂「加一倍法」，朱子篤信之，吾无取焉。

邵子曰：「太極生陰、陽兩儀，⚊爲陽，⚋爲陰。」吾不知所謂陽儀者，太陽耶？少陽耶？所謂陰儀者，太陰耶？少陰耶？抑陰、陽初生，未分太、少耶？如其然，則是先有陰、陽，後有太、少也。由是陽儀加⚊畫爲陽，生太陽；陽儀加⚋畫爲陽，生少陰；陰儀加⚊畫爲陰，生少陽；陰儀加⚋畫爲陰，生太陰；是陰、陽生太、少矣。然則所謂陰儀、陽儀者，非太非少，是何物耶？曰加曰分，乃《邵易》，非《周易》也。由是太陽⚌畫又加⚊畫爲乾，是太陽生乾；又加⚋畫爲兑，是太陽生兑。少陰⚍畫又加⚊畫爲離，是少陰生離；又加⚋畫爲震，是少陰生震。餘四卦皆然。是太、少生八卦矣。陰、陽生太、少，太、少生八卦，誰能知其説哉！王伯厚曰：「上蔡謝子爲晁以道《傳易堂記後序》，言：『安樂邵先生《皇極經世》之學，師承頗異。安樂之父昔於廬山解后文恭胡公，從隱者老浮圖遊。隱者曰：胡子世福甚厚，當秉國政；邵子仕雖不耦，學業必傳。因同授《易》書。上蔡之文今不傳，僅載於張祺《書文恭集後》。』康節之父，伊川丈人，名古，字天叜。」

棟案，《朱子語類》言：「程子説《易》，只云三畫上疊成六畫，此賈公彦之説，亦非漢法。八卦上疊成六十四卦，與邵子説異。蓋康節不曾説與程子，程子亦不曾問之故，一向隨他所見去。」又云：「伊川《易傳》有未盡處，當時康節傳得數甚佳，卻輕之不問。」又云：「邵子所謂《易》，程子多理會他底不得。」愚謂邵子一分爲二，二分爲四，四分爲八之説，漢唐言《易》者不聞有此，程子非不能理會《邵易》，但以之解《周易》，恐其説之未必然也。且上蔡，程子之高弟也，邵子，又程子之妻兄弟也。老浮圖之授受，上蔡猶知之，曾程子也而肯爲異説所惑哉。

辨太極圖

秀水朱錫鬯曰：「自漢以來，諸儒言《易》莫有及《太極圖》者，惟道家者流有《上方太洞真元妙經》，著太極三五之説，唐開元中，明皇爲製序。而東蜀衛琪注《玉清無極洞仙經》，衍有《無極》、《太極》諸圖。陳摶居華山，曾以《無極圖》刊諸石，爲圜者四，位五行其中。自下而上，初一曰『玄牝之門』，次二曰『煉精化氣，煉氣化神』，次三五行定位，曰『五氣朝元』，次四陰陽配合，曰『取坎填離』，最上曰『煉神還虚，復歸無極』。故謂之《無極圖》，乃方士修煉之術爾。相傳受之吕嵓，嵓受之鍾離權，權得其説于伯陽，伯陽聞其旨于河上公，在道家未嘗詡爲千聖不傳之祕也。周元公取而轉易之，亦爲圜者四，位五行其中。自上而下，最上曰『無極而太極』，次二曰『陰陽配合』，曰『陽動陰静』，次三五行定位，曰『五行各一其性』，次四曰『乾道成男，坤道成女』，最下曰『化生萬物』。更名之《太極圖》，仍不没無極之旨。由是諸儒推演其説，南軒張氏謂：『元公自得之妙，蓋以手授二程先生者，自孟氏以來，未之有也。』」《曝書亭集》。

錫鬯又言：「程子未曾受業于元公，元公亦無手授《太極圖》之事，其説備載集中。愚謂道教莫盛于宋，故希夷之圖、康節之《易》、元公之《太極》，皆出自道家。世之言《易》者率以是三者爲先河，而不自知其陷于虚無而流于他道也，惜哉！王伯厚言：『程子教人《大學》、《中庸》，而無極、太極一語未嘗及。』夫程子言《易》，初不知有『先天』；言道，初不知有『無極』。此所以不爲異端所惑，卓然在周、邵之上也。」伯厚謂：「程子不言無極、太極，是性道不可得聞之義，此説却涉禪學矣。」顧寧人曰：「夫子之教人文行忠信，而性與天道在其中，故曰『不可得而聞』。忠恕之與一貫，豈有二耶？」《黄氏日鈔》曰：「夫子述六經，後來者溺於訓詁，未害也；濂洛言道學，後來者借以談禪，則其害深矣。」

《儒藏》精華編選刊即出書目(二〇二三)

白虎通德論
誠齋集
春秋本義
春秋集傳大全
春秋左氏傳賈服注輯述
春秋左氏傳舊注疏證
春秋左傳讀
道南源委
桴亭先生文集
復初齋文集
廣雅疏證
龜山先生語録
郭店楚墓竹簡十二種校釋
國語正義
涇野先生文集
康齋先生文集
孔子家語　曾子注釋
禮書通故
論語全解
毛詩後箋
毛詩稽古編
孟子正義
孟子注疏
閩中理學淵源考
木鐘集
群經平議

三魚堂文集　外集
上海博物館藏楚竹書十九種校釋
尚書集注音疏
詩本義
詩經世本古義
詩毛氏傳疏
詩三家義集疏
書疑　東坡書傳　尚書表注
書傳大全
四書集編
四書蒙引
四書纂疏
宋名臣言行録
孫明復先生小集　春秋尊王發微
文定集

五峰集　胡子知言
小學集註
孝經注解　温公易説　司馬氏書儀　家範
揅經室集
伊川擊壤集
儀禮圖
儀禮章句
易漢學
游定夫先生集
御選明臣奏議
周易口義　洪範口義
周易姚氏學